신묘장구대다라니 기도법

우룡스님 · 김현준 지음

✤ 효림

서 문

신묘장구대다라니 기도의 역사는 매우 깊습니다. 그리고 대다라니 기도를 통하여 뜻하는 바를 성취한 이들은 너무나 많습니다. 수많은 다라니 기도 중에 이 신묘장구대다라니 기도가 제일이라 할 만큼 성취가 많았고, 영험담 또한 널리 전해지고 있습니다.

하지만 신묘장구대다라니 기도 방법을 잘 아는 불자는 많지가 않습니다. 특히 재가불자는 방법을 몰라 기도하지 못하는 이들이 많습니다. 그래서인지 많은 이들이 기도방법을 물어보곤 하였습니다.

저는 이를 안타까이 여겨오다가 올해 5월·6월·7월호 「법공양」에 '신묘장구대다라니 기도의 방법'을 연재하였고, 그 글이 큰 호응을 불러일으킴에 따라 단행본을 만들어 보급해야겠다는 결심을 하게 되었습니다.

이에 월간 「법공양」에 연재한 글로 책의 제1부를 구성하고, 제2부에 우룡스님께서 들려주신 신묘장구대다라니 기도 영험담, 제3부에 신묘장구대다라니의 근본 경전인 『천수천안관세음보살 광대원만무애대비심다라니경』을 수록하여 기도하는 이의 신심과 열의를 더욱 굳건히 하고자 하였습니다.

신묘장구대다라니를 외우거나 쓰면서 성심껏 기도를 하면, 가정의 행복과 평화는 물론이요 각종 시험의 합격, 사업의 성취, 병고 및 재앙의 소멸, 재물문제의 해결, 영가 천도 및 각종 장애를 해소시킬 수 있으며, 궁극적으로는 삶의 향상과 함께 큰 깨달음까지 능히 열어준다는 것을 경에서는 분명히 설하고 있습니다.

부디 이 책을 읽고, 관세음보살님의 대자비가 가득히 충만되어 있는 신묘장구대다라니 기도를 하여 꼭 소원성취하옵기를 축원드리오며, 책을 발간한 공덕을 대다라니 기도행자들의 소원성취와 발심과 향상의 삶에 회향하옵니다.

나무천수천안관세음보살마하살.

불기 2558년 9월
金 鉉 埈 합장

I
신묘장구대다라니
기도의 방법

김현준

1. 천수관음의 약속과 다라니의 위신력

신묘장구대다라니와 천수천안

불자들에게 있어 관세음보살님은 제2의 어머니와 같은 분입니다. 괴롭고 슬프고 외롭고 힘이 들 때 엄마를 찾듯이 관세음보살님을 찾으면, 그 님은 우리들 마음의 소리를 듣고서, 괴롭고 힘들고 슬픈 일들을 해결해주고 포근함과 평화로움을 안겨 줍니다.

'관세음보살'을 부르며 보살님의 품에 뛰어들어 보십시오. 업이 녹아내립니다. 모든 두려움이 사라집니다. 탐심·진심·치심의 삼독심이 소멸되면서, 삶이 맑아지고 편안해집니다. 감로의 덕이 넘쳐납니다. 지혜의 빛이 발현되고 깨달음이 열립니다. 그리고 우리의 심중 소원이 남김없이 성취됩니다.

사람들은 이러한 공덕을 안겨주는 관세음보살님을 열심히 믿었습니다. 모든 어려움을 해결해주는 관세음보살님의 대자대비에 보다 가까이 다가가고자 하였습니다.

중생들의 이와 같은 바람을 파악하신 부처님과 관세음보살께서는 아주 크고 원만하고 걸림 없는 큰사랑으로 모든 것을 해결해주는 「천수천안관세음보살 광대원만 무애대비심다라니」를 설하게 되었으며, 이 다라니가 바로 우리들이 즐겨 외우는 『천수경』 속의 '신묘장구대다라니' 입니다.

이 신묘장구대다라니를 천수다라니·대비심다라니·대비주(大悲呪)·천수대비주 등의 이름으로도 많이 부르고 있는데, 이 책에서는 될 수 있는 한 신묘장구대다라니로 통일하였습니다.

이 '신묘장구대다라니' 를 담고 있는 원래의 경전을 많은 사람들은 『천수경』이라고 생각합니다. 그런데 사실은 『천수경』이 아닙니다.

『천수경』은 외국에서 찾아 볼 수 없는 우리나라만의 독특한 의식경전입니다. 거의 모든 불교의식에서 독송하고 있는 『천수경』은 그 중심에 '신묘장구대다라니'를 놓고, 앞뒤로 귀의 · 발원 · 참회 · 준제진언 관련의궤 · 회향 · 서원 · 삼귀의들과 여러 가지 진언을 실어, 의식의 효과가 극대화될 수 있게끔 새롭게 엮은 것입니다.

실제로 신묘장구대다라니가 우리나라에 전래된 것은 신라시대지만, 지금의 『천수경』이 이 땅에서 자리를 잡기 시작한 것은 1930년대 경이고, 현재의 체제와 똑같이 구성된 것은 1960년대 후반입니다.

그럼 신묘장구대다라니를 수록한 원래의 경전명은 무엇인가? 바로 7세기 중엽에 인도출신의 가범달마(迦梵達磨) 스님이 번역한 『천수천안관세음보살광대원만무애대비심다라니경』이며, 이 경의 내용을 살펴보면 신묘장구대다라니의 공덕 및 영험 등이 매우 잘 나타나 있습니다.

먼저 이 경이 어떻게 설해지게 되었으며, 관세음보살이 어떻게 천수천안을 갖추게 되었는지부터 살펴봅시다.

'신묘장구대다라니'를 담고 있는 『천수천안관세음보살광대원만무애대비심다라니경』(이후 『대비심다라니경』으로 줄여서 표기함)은 석가모니부처님께서 관세음보살의 정토인 보타락가산으로 가서 설한 경전입니다.

부처님께서 보타락가산의 보장엄도량(寶莊嚴道場) 사자좌에 앉으시자 총지왕보살 등의 큰보살들과 마하가섭을 비롯한 아라한들, 수많은 범천왕·팔부신장·천녀·산신·수신 등의 신들이 모두 와서 법회에 참석하였습니다.

그때 대중 속에 있던 관세음보살님께서 은밀히 신통을 발하여 시방국토를 밝게 비추자, 삼천대천세계가 크게 진동하면서 모두 금빛으로 바뀌었습니다. 일찍이 이러한 일을 경험하지 못했던 총지왕보살은 '왜 모든 국토가 금빛으로 바뀌었으며, 누가 이러한 신통력을 발하였는지'를 게송으로 여쭈었습니다.

이에 부처님께서 '무량겁 전에 대자대비를 성취한 관세음보살이 중생들을 위해 대신통력을 발한 것'이라고 설하시자, 관세음보살은 자리에서 일어나 합장하고 아뢰었습니다.

"세존이시여, 저에게 대비심다라니주가 있습니다. 이를 지금 설하고자 하오니, 자비로써 가엾이 여겨 허락하여 주옵소서."

"선남자야, 그대가 대자비로써 중생들을 안락하게
하기 위해 신주神呪를 말하고자 하는구나. 지금이 바
로 그때이니라. 빨리 말하여라. 이 여래도 기뻐하고
다른 부처님도 기뻐하시느니라."

이때 관세음보살께서는 신묘장구대다라니를 얻고
천수천안을 갖추게 된 인연을 대중들에게 들려주었
습니다.

과거 무량억겁 전 천광왕정주여래(千光王靜住如來)
는 중생들을 어여삐 여겨 대비심다라니를 설하신 다
음, 황금빛 손으로 관세음보살의 정수리를 만지며 부
촉했습니다.

"선남자야, 너는 이 대비심다라니로 악업과 중죄
를 지은 미래 세상의 모든 중생을 크게 이익되게 하
고 안락하게 만들어야 하느니라."

그때 관세음보살은 보살의 마지막 열 가지 경지인
십지(十地)중에서 가장 낮은 초지(初地)의 환희지(歡

흄地)에 머물고 있었는데, 이 다라니를 한 번 듣고서 곧바로 제8지인 부동지(不動地)로 뛰어올랐습니다. 이에 크게 환희한 관세음보살은 서원을 세웠습니다.

"내가 오는 세상의 모든 중생에게 이익을 줄 수 있고 모든 중생을 안락하게 할 수 있다면, 지금 즉시 나의 몸에 천개의 손과 천개의 눈이 갖추어지리라."

그 순간, 1천 부처님께서 방광을 하여 관세음보살의 몸과 시방세계를 비추었고, 관세음보살은 천개의 손과 천개의 눈을 갖추었습니다. 천수천안관세음보살이 된 것입니다.

❧

이제 관세음보살님께서 천수천안을 갖추게 된 까닭을 분명히 이해하셨습니까? 아마 아직은 잘 파악하지 못한 분이 있을 듯하여 조금 더 덧붙이겠습니다.

대부분의 사람들은 이기심이 많습니다. 그 이기심 때문에 '나'만을 위하고 내 것을 챙깁니다. '나'는 잘 살아야 하고 나는 손해를 보아서는 안된다는 생각에 사로잡혀 있습니다. 그리고 나에게 맞으면 사랑하고 탐하며, 나에게 맞지 않으면 싫어하고 미워합니다.

하지만 이기심과 내 사랑, 나의 욕심, 나의 몸에 사로 잡혀 사는 동안에는 안락함과 평화로움이 쉽게 찾아들지 않습니다. 짧은 한 순간의 성취나 이익은 있을지언정, 지속적인 행복과 자유는 더욱 멀리 달아나 버립니다.

그 까닭이 무엇인가? '나' 라는 생각이 벽이 되어 나를 더욱 은밀한 밀실 속으로 가두어버리기 때문입니다. 밀실 속의 삶! 결국 그것이 삶을 외롭게 만들며, 갇혀 지내는 삶의 괴로움은 무간지옥의 고통이나 다를 바 없습니다.

그럼 높은 경지로 크게 뛰어오를 수 있었던 관세음보살님은 어떠했습니까? '나' 만의 구원이나 행복에 안주했습니까? 아닙니다. 오히려 모든 중생을 위해 큰마음을 일으켰습니다.

'나는 중생의 안락과 이익을 위해 살 것이다. 하지만 중생에게 안락과 이익을 주기에는 이 두 개의 손과 두 개의 눈만으로 할 수 있는 것이 너무도 적구나. 나에게 천 개의 손과 천 개의 눈이 있다면, 수많은 중생을 동시에 구하고 안락함을 안겨줄 수 있으리라.

만약 모든 중생에게 안락과 이익을 주겠다는 나의 원이 참되다면, 지금 즉시 천 개의 손과 천 개의 눈이 갖추어지리라.'

바로 이것입니다. 나의 이익과 안락을 위함이 아니라, 큰 환희로움 속에서 일체중생을 안락하게 하고 이익 되게 하겠다는 마음이 가득했기 때문에 천수천안을 갖추게 된 것입니다.

기적은 그냥 일어나는 것이 아닙니다. 나의 이기심을 버리고 뭇 생명 있는 이들을 살리고자 할 때 기적이 일어납니다. 그리고 대자비의 마음이 한 없이 커질 때 천수천안을 이루는 것과 같은 대기적이 일어나는 것입니다.

기도를 하는 우리는 이 이야기를 통하여 꼭 명심해야 할 것이 있습니다. 그것은 이기심이 아니라 자비심을 키우면서 기도하고 살아가야 한다는 것입니다. 이기심을 내려놓고 자비를 실천하며 살아갈 때, 대우주에 가득 차 있는 대행복과 대평화와 대해탈의 기운이 나의 것이 된다는 사실을 결코 잊지 마시기 바랍니다.

대다라니를 설한 까닭

이어 『대비심다라니경』에서는 관세음보살님이 무엇을 위해 신묘장구대다라니를 설하게 되었는지를 열 가지 이유를 들어 밝히고 있습니다. 이는 곧 우리들이 신묘장구대다라니를 외울 때 얻게 되는 열 가지 공덕이 되기도 합니다.

① 중생들을 안락하게 하기 위함이요
② 모든 병을 낫게 하기 위함이요
③ 긴 수명을 얻게 하기 위함이요
④ 풍요로움을 얻게 하기 위함이요
⑤ 모든 악업과 중죄를 없애기 위함이요
⑥ 장애와 고난을 떠나게 하기 위함이요
⑦ 청정한 법과 공덕을 늘어나게 하기 위함이요
⑧ 모든 선근을 성취시키기 위함이요
⑨ 온갖 두려움을 멀리 여의게 하기 위함이요
⑩ 바라는 바 모든 것을 속히 얻어 만족하게 하기 위함이옵니다.

이 열 가지는 우리 중생들을 위한 관세음보살님의 대자비요 약속이며, 신묘장구대다라니의 위신력입니다. 이제 이 열 가지의 하나하나를 대비주와 관련시켜 함께 음미해봅시다.

① 중생들을 안락하게 하기 위함이다.

살다보면 편안함보다 힘들 때가 많습니다. 즐거움보다 괴로울 때가 많습니다. 이렇게 힘들고 괴로울 때 편안함과 즐거움[安樂]을 얻고자 한다면 어떻게 해야 할까요? 바로 그때 신묘장구대다라니를 외우라는 것입니다.

이 신묘장구대다라니를 자주자주 외우고 매일매일 외우게 되면 반드시 몸과 마음이 편안해지고 즐거워집니다. 그리고 나만이 아니라 내 가족을 포함한 주변까지 모두 편안해집니다.

과연 이것이 가능한가? 그렇습니다. 이것이 신묘장구대다라니의 위신력이요 관세음보살님의 약속이기 때문입니다.

② 모든 병을 낫게 하기 위함이다.

요즘 사람들은 건강을 최고의 일인양 생각합니다. '다른 것 없다. 건강하면 된다' 고들 합니다. 그러나 병마는 슬금슬금 자꾸자꾸 찾아들고, 병 때문에 고생을 하거나 죽는 경우가 너무나 허다합니다. 그리고 그 병이 가족들까지 힘들고 지치게 만듭니다.

"아, 만약 병만 들지 않았다면, 병 없이 살 수만 있다면 인생은 살만한 가치가 충분한 것인데…."

이처럼 병 없기를 바라거나 늘 건강하게 살고자 한다면, 또 고치기 어려운 병에 걸렸다면, 신묘장구대다라니를 독송하십시오. 틀림없이 업병·몸병·마음병들이 낫고 사라져서 활기차게 살 수가 있습니다.

과연 이것이 가능한가? 그렇습니다. 이것이 신묘장구대다라니의 위신력이요 관세음보살님의 약속이기 때문입니다.

③ 긴 수명을 얻게 하기 위함이다.

단명한 팔자…. 부모보다 자식이 먼저 죽고, 객지나 전쟁터 등지에서 비명횡사하게 되면 그 불행이 너무나 크다는 것은 누구나 잘 알고 있습니다. 그래서 오래 살아야 한다는 것이고, 5복의 첫 번째로 장수

(長壽)를 꼽는 것이며, 서로의 만수무강(萬壽無疆)을 기원하는 것입니다.

그렇다면 비참한 죽음, 슬픈 죽음을 떠나 장수를 누리며 살 수는 없는 것인가? 물론 가능합니다. 신묘장구대다라니를 외우면 됩니다. 대다라니와 함께 하면 나쁜 죽음을 떠나 수명을 능히 늘일 수 있고 반드시 장수를 하게 됩니다. 과연 이것이 가능한가? 그렇습니다. 이것이 신묘장구대다라니의 위신력이요 관세음보살님의 약속이기 때문입니다.

④ 풍요로움을 얻게 하기 위함이다.

현재와 같은 이 물질만능주의 사회에서는 가난보다 더 서러운 것이 없습니다. 그래서 어느 누구 할 것 없이 부자가 되고자 합니다. 곧 풍요로움을 얻는다는 것은 부자가 된다는 뜻입니다. 마음만 부자가 된다는 것이 아니라, 경제적인 풍요로움을 누리게 됩니다.

신묘장구대다라니를 독송하거나 사경을 해보십시오. 먼저 내 마음에 깃들어 있던 가난의 요인들이 사라집니다. 욕심 많고 인색하고 어두운 마음들이 밝고 넉넉하고 베푸는 마음으로 바뀌게 되고, 마음이 바뀌면 풍요로움은 저절로 깃들게 됩니다.

만약 안 된다면? 아닙니다. 틀림없이 부자가 될 수 있습니다. 왜냐하면 신묘장구대다라니의 위신력이 함께 하고 관세음보살님의 약속이 함께 하기 때문입니다.

⑤ 모든 악업과 중죄를 없애기 위함이다.

인생을 잘 살지 못하는 까닭이 무엇일까요? 바로 과거에 지은 악업과 중죄 때문입니다. 악업과 중죄가 우리의 앞길을 가로막아 슬프고 힘들고 비참하게 만드는 것입니다.

신묘장구대다라니의 다른 이름은 파업장(破業障) 다라니입니다. 외우고 있으면 저절로 참회가 되어 용서와 화해를 이루고, 마음속의 맺힌 것들이 녹아내리면서 업장이 소멸됩니다. 죄업과 악업으로 인한 장애들이 소멸되는 것입니다.

과연 신묘장구대다라니를 외운다고 하여 세세생생 지은 악업과 중죄들이 녹아내릴 수 있는 것인가? 틀림없습니다. 왜냐하면 신묘장구대다라니의 위신력이 너무나 크기 때문이요, 관세음보살님의 약속이 함께 하기 때문입니다.

⑥ 장애와 고난을 떠나게 하기 위함이다.

살다 보면 요소요소에 장애와 고난이 기다리고 있습니다. 지난 세상에 내가 지은 악업과 중죄가 장애와 고난이 되어 나타나기도 하고, 현재 내 마음 속의 탐욕과 분노와 어리석음이 나아가는 길을 가로막는 경우도 많습니다. 그런데 신묘장구대다라니를 외우면 이러한 탐·진·치 삼독심이 녹아내리고, 삼독심이 녹아내림과 동시에 장애와 고난이 저절로 사라지게 됩니다.

왜일까요? 대다라니의 위신력과 관세음보살님의 대자비 속으로 들어가게 되면 아무리 독한 탐심·진심·치심일지라도 녹아내리지 않을 수 없기 때문입니다.

⑦ 청정한 법과 공덕을 늘어나게 하기 위함이다.

중생의 기본적인 바람인 안락·무병장수·풍요로움 등을 이루었고, 악업중죄와 장애와 고난을 벗어났다면 이제부터는 무엇을 해야 할까요? 더 큰 욕심을 부리고 더 행복해지기를 바라며 살아야 할까요?

아닙니다. 이제부터는 한 걸음, 한 걸음 높은 경지로 나아가야 합니다. 청정한 법을 배워 익히고 도를 이룰 수 있는 공덕을 쌓아가며 살아가야 합니다.

하지만 문제가 있습니다. 이제까지 청정한 법을 가까이 하지 않았고, 도와 인연을 쌓지 않았다는 것입니다. 그런데도 청정한 법과 공덕을 늘어나게 할 수 있는 것인가?

그렇습니다. 틀림없이 향상할 수 있습니다. 왜냐하면 신묘장구대다라니의 위신력이 함께 하고 관세음보살님의 약속이 함께 하기 때문입니다.

⑧ 모든 선근을 성취시키기 위함이다.

선근(善根)은 착한 뿌리입니다. 곧 근본이 착하다는 것입니다. 이 세상에 누군들 악하게 살기를 바라는 이가 있겠습니까? 모두가 착하게 살고 싶고 바르게 살기를 원합니다.

하지만 세파에 시달리고 이기심이 발동하다보니, 살생하고 도둑질하고 삿된 음행을 하고 거짓말하고 욕하고 이간질하고 아첨하고 탐심·진심·치심을 일으키는 쪽으로 자꾸자꾸 빠져들게 되는 것입니다.

그러나 신묘장구대다라니를 외우면 나쁜 쪽으로 나아가지 않습니다. 왜? 다라니의 위신력과 관세음보살님의 대자비 가피력이 세파를 능히 이기게 하고 이기심을 잠재워서, 원래의 착한 뿌리를 잘 보호해주기 때문입니다. 따라서 선한 나무는 나날이 무성해지고, 마침내 일체의 선을 성취하게 되는 것입니다.

⑨ 온갖 두려움을 멀리 여의게 하기 위함이다.

살다 보면 두려움이 참 많습니다. 사람에 대한 두려움, 돈에 대한 두려움에서부터 죽음에 대한 두려움까지…. 만약 두려움이 없다면 정진을 잘하지 못할 까닭이 없습니다. 흔들림 없이 갈등 없이 목표를 향해 고지를 향해 나아갈 것입니다.

이제 안심하고 목표를 향해 나아가서도 좋습니다. 왜? 신묘장구대다라니의 위신력이 우리를 보호하고, 관세음보살님께서 앞길을 열어주시기 때문입니다.

그럼 이제부터 우리가 해야 할 일은 무엇인가? 다라니의 위신력과 관세음보살님을 굳건히 믿고 거침없이 나아가기만 하면 됩니다.

⑩ 바라는 바 모든 것을 속히 얻어 만족하게 하기 위함이다.

부처님께서는 생·로·병·사(生老病死)와 애별리고(愛別離苦)·원증회고(怨憎會苦)·구부득고(求不得苦)·오음성고(五陰盛苦)의 여덟 가지 괴로움〔八苦〕때문에 인생이 괴롭다고 설하셨는데, 그 중에서도 구부득고를 근본으로 삼았습니다. 구하고 바라는 바가 이루어지지 않기 때문에 인생이 힘들다는 것입니다.

실로 그러합니다. 구하는 바가 다 이루어지는데 불행할 것이 무엇입니까? 부지런히 이 다라니를 외워 보십시오. 얻어지지 않고 이루어지지 않는 것이 오히려 나를 더 좋게 만드는 경우가 아니라면, 반드시 얻게 되고 이루어집니다. 왜? 신묘장구대다라니의 위신력이 함께 하고 관세음보살님의 약속이 함께 하기 때문입니다.

먼저 자비의 원부터 세워라

정녕 이 열 가지 공덕이 모두 성취된다면, 우리의 삶은 과연 어떠하겠습니까? 참으로 평화롭고 환희롭고 안락하기 그지없을 것입니다.

그럼 이제 우리가 신묘장구대다라니를 외우기만 하면 이러한 삶을 이루게 되는가? 아닙니다. 관세음보살님께서는 한 가지 조건을 내세웁니다.

"먼저 모든 중생에게 자비한 마음을 일으킨 다음, 나를 향해 이렇게 원을 세워야 합니다."

이렇게 운을 뗀 관세음보살께서는 『천수경』의 앞부분에 있는 '나무대비관세음 원아속지일체법' 등의 열 가지 발원과 '아약향도산 도산자최절' 등의 육향육서(六向六誓)를 발하라고 하였습니다. 이는 불자들이 익히 알고 있는 것이지만 한글로 번역하여 여기에 싣습니다.

대자대비 관세음께 귀의하오니 　나무대비관세음
　　　　　　　　　　　　　　　南無大悲觀世音

일체법을 속히알게 하여지이다 　원아속지일체법
　　　　　　　　　　　　　　　願我速知一切法

대자대비 관세음께 귀의하오니 　나무대비관세음
　　　　　　　　　　　　　　　南無大悲觀世音

지혜의눈 빨리얻게 하여지이다 　원아조득지혜안
　　　　　　　　　　　　　　　願我早得智慧眼

대자대비 관세음께 귀의하오니 　나무대비관세음
　　　　　　　　　　　　　　　南無大悲觀世音

온갖중생 속히제도 하여지이다 　원아속도일체중
　　　　　　　　　　　　　　　願我速度一切衆

대자대비 관세음께 귀의하오니 　나무대비관세음
　　　　　　　　　　　　　　　南無大悲觀世音

좋은방편 빨리얻게 하여지이다 　원아조득선방편
　　　　　　　　　　　　　　　願我早得善方便

대자대비 관세음께 귀의하오니 　나무대비관세음
　　　　　　　　　　　　　　　南無大悲觀世音

반야선에 속히타게 하여지이다 　원아속승반야선
　　　　　　　　　　　　　　　願我速乘般若船

대자대비 관세음께 귀의하오니 　나무대비관세음
　　　　　　　　　　　　　　　南無大悲觀世音

고통바다 빨리넘게 하여지이다 　원아조득월고해
　　　　　　　　　　　　　　　願我早得越苦海

대자대비 관세음께 귀의하오니 　나무대비관세음
　　　　　　　　　　　　　　　南無大悲觀世音

계와선정 속히얻게 하여지이다 　원아속득계정도
　　　　　　　　　　　　　　　願我速得戒定道

대자대비 관세음께 귀의하오니 　나무대비관세음
　　　　　　　　　　　　　　　南無大悲觀世音

원적산에 빨리서게 하여지이다 　원아조등원적산
　　　　　　　　　　　　　　　願我早登圓寂山

대자대비 관세음께 귀의하오니	나무대비관세음 南無大悲觀世音
무위사에 속히들게 하여지이다	원아속회무위사 願我速會無爲舍
대자대비 관세음께 귀의하오니	나무대비관세음 南無大悲觀世音
법성신을 빨리성취 하여지이다	원아조동법성신 願我早同法性身
칼산 지옥 제가 가면	아약향도산 我若向刀山
칼날 절로 부러지고	도산자최절 刀山自催折
화탕 지옥 제가 가면	아약향화탕 我若向火湯
화탕 절로 말라지고	화탕자소멸 火湯自消滅
지옥 세계 제가 가면	아약향지옥 我若向地獄
지옥 절로 없어지고	지옥자고갈 地獄自枯渴
아귀 세계 제가 가면	아약향아귀 我若向餓鬼
아귀 절로 배부르고	아귀자포만 餓鬼自飽滿
수라 세계 제가 가면	아약향수라 我若向修羅
악심 절로 착해지며	악심자조복 惡心自調伏
축생 세계 제가 가면	아약향축생 我若向畜生
대지혜를 절로 얻네	자득대지혜 自得大智慧

'나무대비관세음'을 외우며 발하는 위의 열 가지 원을 다시 간추리면 다섯 가지로 압축됩니다.
 ① 일체법을 속히 알아 지혜의 눈을 얻고
 ② 좋은 방편 빨리 얻어 온갖 중생 제도하고
 ③ 반야용선 속히 타서 고통바다 잘 건너고
 ④ 계와 선정 속히 얻어 원적산에 잘 오르고
 ⑤ 무위사에 속히 들어 법성신을 성취하겠다는 것

 이들 중 다소 생소한 용어는 원적산·무위사·법성신인데, 원적산(圓寂山)은 번뇌가 모두 사라져 원만하고 고요한 산꼭대기 곧 해탈의 자리요, 무위사(無爲舍)는 함이 없는 집 곧 열반의 집이며, 법성신(法性身)은 대우주 법계와 하나가 된 몸입니다.
 그리고 밑쪽의 육향육서는 여섯 가지 나쁜 세상에 대해 발하는 여섯 가지 서원으로, 삼악도인 지옥·아귀·축생의 세계를 다 없애겠다는 발원입니다.
 이렇게 열 가지 발원을 하고 육향육서를 한 다음, 신묘장구대다라니를 하루에 다섯 편씩 계속 외우면 고난이 사라지고, 매일 3·7편(21편) 내지 7·7편(49편)을 외우면 백천만억겁의 생사중죄가 소멸될 뿐 아니라, 임종할 때 시방의 여러 부처님께서 오셔서 손을 잡아주고, 어떠한 불국토든지 원하는 곳에 태어날 수 있다고 하였습니다.

　그리고 관세음보살은 부처님 앞에서, 이 신묘장구대다라니를 지송하고도 삼악도에 떨어지거나, 원하는 불국토에 태어나지 못하거나, 무량한 삼매와 대자재를 얻지 못한다면, "맹세코 저는 정각을 이루지 않겠나이다."라고 하였습니다.

　나아가 이 다라니를 외우면 현생 동안에 능히 구하는 바를 얻을 수 있고, 십악죄와 오역죄 등 매우 나쁜 죄를 지어 업장을 쌓았을지라도, 그 죄업을 소멸하지 못함이 없다고 하였습니다.

　하지만 여기에도 한 가지의 덧붙임이 있습니다. 관세음보살의 대비심과 신묘장구대다라니의 위신력에 대한 "의심만은 내지 않아야 한다."는 것으로, 의심하는 자는 작고 가벼운 죄업도 결코 소멸하지 못하고 소원성취도 요원해진다고 하셨습니다.

다라니 행자의 15선생善生

이어 신묘장구대다라니를 설하시기 바로 전에 관세음보살께서는 15가지 좋은 삶과 15가지 나쁜 죽음에 대해 이야기하고 있습니다.

"세존이시여, 모든 인간과 천인이 이 대비심주를 지송하면 열다섯 가지 좋은 삶〔十五種善生〕을 누리고, 열다섯 가지 나쁜 죽음〔十五種惡死〕을 받지 않게 되옵니다."

이 가운데 15가지 나쁜 죽음은 그만두고 15가지 좋은 삶만을 열거하겠습니다. 대다라니를 외우는 우리에게는 좋은 삶만 가득할 것이요, 좋은 삶이 충만하면 나쁜 죽음이 결코 다가설 수 없기 때문입니다.

열다섯 가지 좋은 삶이란
① 태어나는 곳마다 훌륭한 왕을 만나고
② 늘 좋은 나라에 태어나고
③ 늘 좋은 시절을 만나고

④ 늘 어진 벗을 만나고

⑤ 눈·귀 등 모든 기관의 기능이 뛰어나고

⑥ 도심道心이 잘 자라고

⑦ 계를 범하지 않으며

⑧ 모든 권속이 은혜와 의리를 알고 화평·순수하며

⑨ 살림살이·재물·음식이 늘 풍족하고

⑩ 항상 다른 사람의 공경과 보살핌을 받고

⑪ 재물을 타인에게 빼앗기지 않으며

⑫ 구하는 바가 뜻과 같이 이루어지고

⑬ 천룡天龍 등의 선신들이 항상 옹호하고

⑭ 태어나는 곳마다 부처님을 만나 법문을 듣고

⑮ 이미 들은 바른 법을 통해 매우 깊은 이치를 깨닫게 됩니다.

좋은 나라에 태어나 훌륭한 통치자를 만나고, 좋은 시절에 어진 벗들과 함께 풍요롭고 바르고 평화롭게 살면서 뜻하는 바를 이루고, 부처님의 법문을 들으며 도를 닦고 마침내는 깨달음을 이루는 삶. 이것보다 더 좋은 삶이 어디에 있겠습니까?

신묘장구대다라니를 외우면 바로 이러한 삶을 누

릴 수 있게 된다고 하신 것입니다.

자, 이제 우리는 어떻게 해야 할까요? 간단합니다. 대비심을 발하면서 의심 없는 굳건한 믿음으로 신묘장구대다라니를 외우거나 쓰면 됩니다. 이렇게만 하면 틀림없이 일체 재앙과 업장이 소멸되고 심중소원이 성취되며, 15가지 좋은 삶까지 능히 누릴 수 있습니다.

과연 이것이 어렵습니까? 결코 아닙니다.

관세음보살과 신묘장구대다라니를 굳게 믿으십시오. 흔들림 없는 신심으로 의심 없이 기도하면 틀림없이 원을 성취하게 될 뿐 아니라, 기적과 같은 체험도 능히 할 수 있게 됩니다.

결코 다른 요구는 없습니다. 신심! 관세음보살님의 요구는 오직 신심입니다. 그리고 이기심이 아닌 자비심입니다. 깊은 신심이면 관세음보살님의 대자비심과 약속, 신묘장구대다라니의 위신력을 능히 움직여 우리의 원하는 바를 꼭 이룰 수 있게 됩니다.

그리고 지금은 비록 현실적이요 이기적인 기도를 할지라도, 열 가지 원과 육향육서를 기억하면서 마음의 문을 열어가면, 이기심이 있던 자리가 자비심으로 채워지면서 대우주의 크나큰 안락과 무한 능력이 나와 함께 합니다.

부디 신심과 자비심을 품고 신묘장구대다라니 기도를 하는 불자가 되어 원성취는 물론이요 무한 행복을 이루게 되기를 두 손 모아 축원드립니다.

나무대자대비천수천안관세음보살.

2. 대다라니 속에 깃든 의미

다라니의 뜻, 꼭 알 필요는 없다

앞의 장에서 우리는 신묘장구대다라니가 수록되어 있는 원래의 경전이 『천수경』이 아니라 『천수천안관세음보살광대원만무애대비심다라니경』이라는 것과 함께, 신묘장구대다라니를 설한 까닭과 대다라니를 외울 때 얻게 되는 열 가지 공덕, 대다라니를 외우기 전에 자비심 가득한 열 가지 발원과 육향육서(六向六誓)를 발할 것, 의심 없는 굳건한 믿음으로 외우거나 쓰면 틀림없이 심중소원이 성취되며, 15종의 나쁜 죽음을 떠나고 15종의 좋은 삶을 얻게 된다고 하신 관세음보살님의 확신에 찬 가르침을 함께 살펴보았습니다.

이 장에서는 관세음보살님께서 설하신 신묘장구대다라니의 뜻풀이를 하고자 합니다.

『대비심다라니경』에서 15종 선생(善生)까지를 설하신 관세음보살님께서는 드디어 대중들을 향해 합장을 하고 바로 서서, 얼굴 가득히 대자비의 미소를 머금고 신묘장구대다라니를 설하기 시작합니다.

'신묘장구대다라니(神妙章句大陀羅尼)'는 '신기하고 미묘한 내용을 담고 있는 큰 다라니'라는 뜻으로, 중생의 소견으로는 측량하기 어려운 불가사의한 힘과 능력과 신비로움이 갖추어져 있다고 합니다.

그런데 밀교가 정착되지 못했던 우리나라에서는 이 다라니에 대한 해석을 하지 않았습니다. 왜냐하면 다라니의 뜻을 완벽하게 해석하는 것이 불가능하기 때문이요, 잘못 해석을 하게 되면 오히려 본래의 뜻에서 더 멀어지게 된다는 이유에서였습니다.

그리하여 다라니의 뜻을 밝히기보다는 다라니가 지닌 신비로운 능력을 더 강조하여 왔습니다. 뜻을 알 수는 없지만 엄청난 힘이 발현되어 소원을 이루게 해주므로 무조건 외우면 된다는 것입니다. 그래서 다라니와 관련된 다음과 같은 비유담까지 전해지고 있습니다.

🏵️

옛날 중국에 배짱이 아주 두둑한 소문난 거지가 있었습니다. 어느 날 그는 바닷가로 나갔다가 거센 풍랑을 만났고, 깨어나보니 오지의 조그만 나라에 도착해 있었습니다. 그곳에서도 배짱 좋기로 소문난 그 거지는 자신을 대국의 왕자로 소개하였고, 그 거짓말 덕에 부마에 책봉되는 영광을 누리게 되었습니다.

하지만 왕실의 법도는커녕 양반집 도령의 예절조차도 보고 배운 바가 없었던 그의 행패는 참으로 가관이었습니다. 특히 동냥을 하러 가서 투정을 부려 음식을 더 많이 받아내었던 옛 경험을 되살려 밥상만 받으면 반찬투정을 부렸습니다. 배짱 좋게 투정을 부리면 대접을 더 잘 해줄 것으로 생각한 것입니다.

어느 날 그 오지의 작은 나라로 대국의 사신이 왔을 때, 남편의 반찬투정을 난감해 하던 공주는 사신에게 자초지종을 이야기하며 상담을 했습니다.

'우리나라에 실종된 왕자가 없는데, 어쩐 일일까?'

이상하게 생각한 사신은 부마를 보기를 청하였습

니다. 하지만 부마는 왕자가 아니라 소문난 거지였습니다.

'저 자가 왕자가 아니라 거지임이 밝혀지면 그날로 목숨을 부지하기가 어려우리라.'

이렇게 생각한 사신은 공주에게 비방을 일러주었습니다.

"앞으로 반찬투정을 하면 무조건 '거지인 주제에' 라고 하십시오. 효과가 있을 것입니다."

사신이 떠나간 다음 부마가 반찬투정을 하자 공주는 뜻도 모른 채 중국말로 '거지인 주제에' 라고 하였습니다. 이에 깜짝 놀란 거지는 자신의 신분이 탄로난 줄 알고 혼비백산하여 줄행랑을 쳤습니다.

8

다라니의 힘 또한 이와 같다는 것입니다. 뜻은 분명히 알 수 없지만 외우면 엄청난 힘을 발휘하는 것이 다라니라는 이야기입니다.

실로 이 신묘장구대다라니의 내용을 전혀 모른 채 무조건 독송하고 무조건 사경하여 이룬 영험담은 너무나 많습니다. 오히려 다라니의 이러한 능력이 언론 매체까지 궁금하게 만들어, 한 TV방송국에서는 신묘장구대다라니 속에 과연 신비로운 힘이 간직되어 있는지를 시험한 일이 있었습니다.

곧 한 그릇의 물을 컵 두 개에 옮겨 담은 뒤, 한 컵은 그대로 두고 다른 한 컵을 향해 신묘장구대다라니를 세 번 읽었습니다. 그리고 두 컵의 물을 수질검사 하였더니, 과연 대다라니를 외운 컵의 물이 사람의 몸에 훨씬 좋은 성분으로 변해있었다는 것입니다.

실로 대다라니의 신묘한 힘은 물의 성분만 변화시키는 것이 아닙니다. 우리의 뇌세포도 변화시킬 수 있고, 불치의 병도 치유할 수 있으며, 불행을 행복으로 바꾸어 놓을 수 있습니다. 이 대다라니가 대자비의 언어이기 때문에 특히 더 큰 힘을 발휘하는 것입니다.

그러나 이 대다라니의 뜻을 알고 외울 때 신심을 더 내고 기도를 더 잘하는 사람들도 많습니다. 특히 요즘 사람들은 그렇습니다.

우리나라에서 이 다라니를 해석하지 않았던 것은 순수밀교가 이 땅에 정착되지 못하였고, 범어를 아는 스님이 아주 드물었기 때문이었습니다. 그러나 순수밀교가 한 종파로 확립되었던 일본이나 중국에서는 이 다라니에 대해 구체적으로 해석을 하고 알려줌으로써, 이 다라니를 외우는 이들의 신심을 더욱 깊게 만들었습니다.

이제 시대가 바뀌었으니 우리도 이 신묘장구대다라니를 해석하여, 그 속에 담겨져 있는 내용이 무엇인지를 대충이라도 파악해보는 것이 좋을 듯합니다. 특히 관세음보살님의 대자비관(大慈悲觀)을 익히고자 하는 분이라면 막연히 음만을 익히기보다는, 다라니 속에 깃든 뜻을 대충이라도 이해하고 독경·사경 및 관을 하게 되면 훨씬 더 큰 가피를 입을 수 있습니다.

하여 독경·사경과 신행생활에 도움이 되었으면 하는 바람을 품고, 신묘장구대다라니를 여러 문단으로 나누어 번역해 보겠습니다. 그러나 너무 상세한 번역은 하지 않겠습니다. 그 까닭은 상세한 번역이 오히려 우리를 산란하게 만들 것이기 때문입니다.

한 가지 더 밝혀둘 것은 이 다라니의 범어 원문은 그대로 남아 있는데, 그 원문의 발음과 현재 우리나라에서 유통되고 있는 신묘장구대다라니의 발음이 크게 다르다는 것입니다. 조금만 예를 들어보겠습니다.

(현재음) 나모라 다나다라 야야 나막알약 바로기제
새바라야 모지사다바야 마하사다바야 마하가로니가야
(원음) 나모라 트나트라 야야 나마하리야 바로기테
스바라야 보디사트바야 마하사트바야 마하가루니가야

이와 같이 된 까닭은 범어(산스크리트) 다라니를 한
문으로 음역(音譯)하는 과정에서 일부가 중국식 발음
으로 변하였고, 그것을 다시 우리말로 바꾸는 과정에
서 또다시 변하였기 때문입니다. 곧 번역의 과정에서
인도의 범어와 발음상으로 많은 차이를 보이게 된 것
입니다.

이제 이 다라니의 해석을 살펴봅시다.

신묘장구대다라니 뜻풀이

1. 나모라 다나다라 야야
   · 삼보에 귀의하옵니다.
2. 나막알약 바로기제 새바라야 모지사다바야
   · 성스러운 관세음보살님께 귀의하옵니다.
3. 마하사다바야 마하가로니가야
   · 대보살님이시여, 대자비의 님이시여
4. 옴 살바 바예수 다라나 가라야
   · 일체의 두려움을 없애주는 님이시여
5. 다사명 나막까리다바 이맘알야 바로기제 새바라 다바
   · 귀의하오니 성관음이시여, 위신력을 나타내소서.
6. 니라간타 나막하리나야 마발다 이사미
   · 푸른 목[青頸]을 갖게 된 그 마음에 귀의하오니
7. 살발타 사다남 수반 아예염
   · 일체를 이롭게 하는 그 마음으로
8. 살바 보다남 바바말아 미수다감
   · 윤회의 길을 청정하게 하옵소서.
9. 다냐타 옴 아로게 아로가 마지로가 지가란제

· 아, 온전한 광명과 지혜의 빛이 가득한 님이시여, 세
간을 초월한 님이시여

10. 혜혜하례 마하모지 사다바

· 피안으로 인도하는 대보살님이시여

11. 사마라 사마라 하리나야

· 마음에 새기고 또 새기오니

12. 구로구로 갈마 사다야 사다야

· 꾸준히 업을 녹이고 능히 성취케 하옵소서.

13. 도로도로 미연제 마하미연제

· 승리하고 승리하신 대승리자시여

14. 다라다라 다린 나례 새바라

· 저희를 지켜주소서, 이 대지의 주인이시여

15. 자라자라 마라 미마라 아마라 몰제

· 부정함을 없애주소서. 청정하고 원만한 님이시여

16. 예혜혜 로계 새바라

· 오소서 오소서. 이 세간의 주인이시여

17-1. 라아 미사미 나사야

· 탐욕의 독을 없애주시고

17-2. 나베 사미사미 나사야

· 분노의 독을 없애주시고

17-3. 모하자라 미사미 나사야

· 어리석음의 독을 없애주소서.

18. 호로호로 마라호로 하례 바나마 나바

· 오, 대주재자시여. 연꽃의 마음을 가진 님이시여

19. 사라사라 시리시리 소로소로 못쟈못쟈 모다야 모다야

· 감로수를 베푸소서. 감로의 지혜광명과 감로의 덕을 베풀어 저희를 깨닫게 하소서.

20. 매다리야 니라간타

· 자애로운 청경관음이시여

21. 가마사 날사남 바라하라 나야 마낙 사바하

· 쾌락과 욕망을 넘어선 님이시여, 성취하게 하소서.

22. 싯다야 사바하

· 성취하신 님이시여, 성취하게 하소서.

23. 마하싯다야 사바하

· 크게 성취하신 님이시여, 성취하게 하소서.

24. 싯다 유예 새바라야 사바하

· 밝은 지혜 성취하신 관음이시여, 성취하게 하소서.

25. 니라간타야 사바하

· 청경관음이시여, 성취하게 하소서.

26. 바라하 목카 싱하 목카야 사바하

 · 사자 같은 용맹을 지닌 님이시여, 성취하게 하소서.

27. 바나마 하따야 사바하

 · 연꽃을 든 관음이시여, 성취하게 하소서.

28. 자가라 욕다야 사바하

 · 대법륜을 굴리는 관음이시여, 성취하게 하소서.

29. 상카섭나녜 모다나야 사바하

 · 법라法螺를 부는 관음이시여, 성취하게 하소서.

30. 마하라 구타다라야 사바하

 · 대금강저를 지닌 관음이시여, 성취하게 하소서.

31. 바마사간타 이사시쳬다 가릿나 이나야 사바하

 · 아미타불의 왼쪽에서 어둠을 물리치는 승리자시여,
   성취하게 하소서.

32. 먀가라 잘마 이바사나야 사바하

 · 호피에 앉아 명상을 하는 관음이시여, 성취하게 하
   소서.

33. 나모라 다나다라 야야 나막알야 바로기제 새바
    라야 사바하 (3번)

 · 삼보와 성스러운 관음보살께 귀의하옵니다. 꼭 성취
   하게 하소서.

이상의 뜻풀이를 볼 때, 신묘장구대다라니가 승리자요 성취자요 구원자요 대자재한 관세음보살께 귀의하여, 업을 녹이고 두려움 없는 청정한 삶을 이루고 심중의 소원을 꼭 성취하고자 하는 간절한 기원문이라는 것을 알 수 있습니다.

이제 이 뜻을 알았으니 우리는 더욱 분발해야 합니다. 관세음보살님의 자비심에 더 가깝고 더 깊이 있게 다가가서, 신묘장구대다라니를 외우며 간절한 우리의 마음을 밝혀야 합니다.

그리하여 탐진치 삼독을 없애고 일체의 두려움을 떨쳐 우리의 소원을 성취할 뿐 아니라, 지혜롭고 원만하고 자재로운 삶을 이루어내어야 합니다.

대다라니의 참모습

실로 이 대다라니를 지속적으로 외우게 되면 우리의 마음은 차츰차츰 대다라니의 참모습으로 바뀌게됩니다. 한량없는 공덕을 갖춘 관세음보살의 마음으로 바뀌게 됩니다. 과연 그것이 어떠한 마음인가? 『대비심다라니경』에서는 다음과 같이 이야기하고 있습니다.

"대다라니의 참모습은
① 대자비한 마음이요〔大慈悲心〕
② 평등한 마음이요〔平等心〕
③ 함이 없는 마음이요〔無爲心〕
④ 염착이 없는 마음이요〔無染着心〕
⑤ 공을 관하는 마음이요〔空觀心〕
⑥ 공경스러운 마음이요〔恭敬心〕
⑦ 스스로를 낮추는 마음이요〔卑下心〕
⑧ 잡됨과 산란함이 없는 마음이요〔無雜亂心〕
⑨ 괴롭히거나 해침이 없는 마음이요〔無惱害心〕
⑩ 잘못된 소견에 집착함이 없는 마음이요〔無見取心〕

⑪ 위없는 깨달음의 마음입니다〔無上菩提心〕

이러한 마음들이 이 다라니의 참모습이니, 반드시 이에 의지하여 수행해야 합니다."

우리가 신묘장구대다라니를 열심히 읽거나 쓰면서 수지(受持)하게 되면 앞의 열 한가지 마음을 성취하게 된다는 것입니다. 이 얼마나 희망찬 가르침입니까? 이제 이 열 한가지 마음을 간략히 풀이하겠습니다.

① 대자비심(大慈悲心)은 한없이 큰 사랑의 마음입니다. 미움이나 보상이 섞인 사랑이 아니라, 사랑하고 사랑하고 또 사랑하는 마음입니다. 한결같은 사랑. 그것이 자비심이요 관세음보살과 신묘장구대다라니의 참모습입니다.

② 평등한 마음(平等心)에는 나와 남이 없습니다. 갑은 나와 가깝고 을은 나와 멀다는 생각이 없습니다. 부자와 가난한 사람, 귀하고 천한 사람이 따로 없습니다. 그냥 모두를 똑같이 봅니다. 모두를 장차 부처님 되실 분으로 보고 평등하게 사랑하고 베풀 수

있게 된다는 것입니다.

③ **무위심**(無爲心)은 함이 없는 마음입니다. 그러나 함이 없다고 하여 행동이 없다는 것은 아닙니다. 한없이 사랑하고 한없이 베풀지만, '사랑한다 · 베푼다'는 생각이 없다는 것입니다. 중생은 '한다 · 했다'는 유위심에 사로잡혀 있지만, 관세음보살님이나 대다라니는 흔적 없이 티없이 행할 뿐입니다. 결코 어떠한 대가도 바라지 않고 어떠한 자취도 남기지 않는 마음으로 행할 뿐입니다.

④ **무염착심**(無染着心)은 물들거나 집착하지 않는 마음입니다. 연꽃처럼, 어떤 더러운 곳에 있을지라도 때 묻지 않고, 나의 잘잘못이나 남의 잘잘못에 얽매여 살지 말라는 것입니다. 대다라니와 함께 하며 집착 없이 맑게 살면 모든 것이 저절로 성취되고 원만해지고 진실해진다는 것입니다.

⑤ **공관심**(空觀心)은 공임을 관하는 마음입니다. 나와 이 법계의 모든 것이 본래 무아요 공이라고 관하는 것으로, 공임을 제대로 관하게 되면 참된 지혜가 발현됩니다. '신묘장구대다라니'를 수지하면 이와 같은 공관심이 저절로 성취된다고 합니다.

⑥ 공경심(恭敬心)은 공손하게 섬기는 마음가짐입니다. 부처님과 중생을 함께 잘 받드는 마음, 이것이 대다라니의 공경심입니다.

⑦ 비하심(卑下心)은 스스로를 겸손하게 낮추는 마음입니다. 불교에서는 이를 '下心'으로 더 많이 쓰고 있는데, 수행이나 기도 등을 성취함에 있어 하심은 매우 중요한 것으로 강조되고 있습니다. 하지만 이 하심은 좀처럼 쉽게 이루어지지가 않습니다. 왜? 인간의 아상(我相)이 너무나 높기 때문입니다. 그런데 대다라니를 계속 외우면, 참회가 이루어지고 감사하는 마음이 일어나면서 하심이 저절로 자리를 잡게 됩니다.

⑧ 무잡란심(無雜亂心)은 잡됨과 산란함이 없는 마음입니다. 곧 번뇌망상이 잡란심입니다. 실로 우리의 인생살이를 가장 힘들게 하는 것이 무엇일까요? 돈일까요? 명예일까요? 가족일까요? 아닙니다. 바로 번뇌망상입니다. 나 속에서 일어나 나를 흔드는 잡된 생각과 공연한 불안·들뜸 등의 산란함이 나를 가장 힘들게 만듭니다. 그런데 대다라니 수행을 하다보면 잡란심이 사라집니다. 번뇌망상이 사라지면서 나를

한없이 평화롭게 만들어 줍니다.

⑨ **무뇌해심**(無惱害心)은 괴롭히거나 해치려는 생각이 없는 마음입니다. 마음에 자비심이 가득한데 어떻게 뇌해심이 일어날 수 있겠습니까? 내가 남을 괴롭히거나 해치려는 마음이 없어지면 남 또한 나를 괴롭히거나 해치지 못하게 되는 법입니다. 나아가 대다라니를 외우면 해치거나 괴롭히는 것이 아니라 나와 남을 능히 살리는 삶을 살 수 있게 됩니다.

⑩ **무견취심**(無見取心)은 잘못된 소견에 집착하지 않는 마음입니다. 인간은 나의 견해에 맞으면 탐욕을 부리고 나의 견해에 맞지 않으면 성을 냅니다. 곧 나의 견해, 나의 고집에 빠져 살게 되면 탐 · 진 · 치심이 생겨나고 괴로움〔苦〕이 모여들지〔集〕 않을 수 없게 됩니다. 대다라니를 외우면 숨어 있던 나의 편견과 고집들이 분명하게 나타나 잘 고칠 수 있게 되고, 스스로의 참회와 함께 진정한 화합을 이루어 평화롭게 살 수 있게 되는 것입니다.

⑪ **무상보리심**(無上菩提心)은 위없는 깨달음의 마음입니다. 가장 큰 행복은 무엇인가? 위없는 깨달음을 이루어 부처님이 되는 것입니다. 성불! 신묘장구

대다라니의 마지막 모습은 성불입니다. 곧 이 다라니를 외우면 위없는 깨달음의 마음을 성취하여 성불한다는 것입니다. 더 이상 무엇을 논할 것입니까?

관세음보살님께서는 신묘장구대다라니를 꾸준히 외우거나 쓰게 되면 열한가지 마음이 저절로 생겨나서, 삶의 평온함과 행복함은 물론이요 위없는 깨달음까지 이룰 수 있게 된다고 하셨습니다. 이 얼마나 가슴 벅찬 가르침입니까?

다시 한 번 강조하건대, 이 열 한가지 마음은 관세음보살님의 참마음이요 신묘장구대다라니의 참모습입니다. 그리고 대다라니를 열심히 외우고 사경하면 우리도 능히 이 열한가지 마음을 갖출 수 있게 됩니다.

하지만 저절로 갖추어지기만을 바랄 것은 아닙니다. 신묘장구대다라니 기도를 하는 '나' 스스로가 자비로워지고자 하고, 평등심을 갖고자 노력하고, 집착없는 무위심을 기르고, 공을 관하며 살고, 공경과 하심과 산란함이 없는 마음, 그리고 무상보리심까지의 열한가지 마음을 불러일으키며 살게 되면, 우리는

휠씬 더 빨리 관세음보살님과 하나가 될 수 있고, 신묘장구대다라니의 위신력을 얻을 수 있으며, 크나큰 깨달음을 이룰 수 있게 된다는 것을 경에서는 깨우쳐 주고 있습니다.

불자들이여, 간절히 청하옵건대, 신묘장구대다라니기도를 열심히 해보십시오. 천수관음께서는 우리에게 일체의 재앙과 두려움을 물리쳐 줄 뿐 아니라 우리의 심중소원을 꼭 이루어 주십니다. 그리고 마침내는 대비심·평등심·무위심·무염착심·공경심·무상보리심 등의 마음을 갖추게 하고, 우리를 가장 지혜로운 자리, 자재로운 자리, 위없는 깨달음의 자리에 이르게 하십니다.

정녕 이 좋은 가르침을 어찌 따르지 않을 것이며, 이 좋은 기도를 하지 않을 것입니까? 부디 이 기도를 통하여 뜻하는 바를 모두 성취하기를 두 손 모아 축원드립니다.

나무대자대비천수천안관세음보살.

3. 구체적인 기도방법과 주의할 점

꼭 새겨야 할 세 가지 사항

앞의 장에서는 ① 다라니 속에는 신묘한 힘이 담겨 있으므로 뜻을 꼭 알고 외울 필요는 없지만, 대충이라도 이해하고 독경·사경 및 관(觀)을 하게 되면 훨씬 더 큰 가피를 입을 수 있다는 것, ② 다라니의 뜻풀이, ③ 신묘장구대다라니의 참모습이 우리들 속에 있는 대자비심·평등심·무상보리심 등의 11가지 마음이라는 것에 대해 함께 살펴보았습니다.

이 장에서는 신묘장구대다라니 기도의 구체적인 방법에 대해 이야기하겠습니다.

『천수천안관세음보살광대원만무애대비심다라니경』에서 관세음보살님은 11가지 마음을 설하신 다음, 이 다라니를 지송하는 방법의 핵심을 분명히 일러주셨습니다.

"이 신주를 지송하는 선남자 선여인은 광대한 보리심을 발하여 일체중생을 제도할 것을 서원하고, 계를 지키면서 평등한 마음을 일으켜야 합니다. 그리고 이 주문을 외우기를 끊이지 않게 하되, 마음을 하나로 모아 다른 일을 생각하지 말고 법답게 지송해야 합니다."

이 말씀 속에는 세 가지 가르침이 깃들어 있습니다.

첫째는 '**광대한 보리심을 발하고 일체중생을 제도하겠습니다.**' 라는 가르침입니다. 자비심을 발하여 중생무변서원도와 불도무상서원성의 원을 세우라는 것입니다.

사람들이 발하는 원은 한없이 많지만, 대부분이 개인적이요 이기적인 원들입니다. 그러나 불자들이 진정으로 이루어야 할 원은 내가 부처님이 되고, 일체중생을 부처님이 되게 교화하는 일입니다. 곧 자각각

타(自覺覺他)를 하는 것이 최상의 공덕이요 목표이기 때문에, 이 원부터 가장 앞에 세우라고 한 것입니다.

그럼 지금 처해있는 다급한 문제에 대한 기원은 하지 말라는 것인가? 아닙니다. 얼마든지 기원해도 됩니다. 다만 대원을 발한 다음에 현실적인 원을 세워서 열심히 기도하라는 것입니다.

나아가 현재 하고 있는 일을 가장 잘하겠다는 원도 발하는 것이 좋습니다. 학생은 공부 잘하겠다는 원을, 주부는 가정을 잘 돌보고 살리겠다는 원을, 장사하는 이는 손님을 은인으로 생각하며 영업에 임하겠다는 원을, 공장의 사장님은 제품을 잘 만들어 많은 이들을 이롭게 하겠다는 원을 세우고 기도해 보십시오. 틀림없이 다급한 원도 해결되고, 현재 하는 일들도 정말 잘 할 수 있게 됩니다.

두 번째는 '**계를 지키면서 평등한 마음을 일으켜야 한다**' 는 가르침입니다. 인간은 너무나 이기적입니다. '나'와 '내 것' 밖에 모르는 사람이 참으로 많습니다. 그래서 나의 이익과 편의를 위해 지킬 것을 지키지 않고 사는 경우가 허다합니다. 나와 내 사람과 내 것은 소중히 여기고 아끼면서, 남과 남의 것은 무시하고 함부로 하는 경향이 많습니다.

이렇게 된 까닭이 무엇입니까? 평등심(平等心), 평등한 마음을 잃었기 때문입니다. 기도하는 사람은 이 평등심을 잃어서는 안 됩니다. 나만의 이익이 아니라 늘 나와 남을 함께 이롭게 하겠다는 자리이타(自利利他)의 평등심을 갖추고, 지킬 것을 지키면서 기도해야 새로운 업장이 쌓이지 않게 되기 때문에, 관세음보살님께서는 '계를 지키면서 평등한 마음을 일으켜야 한다' 고 하신 것입니다.

세 번째는 **'마음을 하나로 모아 다른 일을 생각하지 말고 지송하라'** 는 것으로, 오로지 신묘장구대다라니에 몰두하고 집중하라는 가르침입니다.

잡념이 일어나고 번뇌가 치솟고 근심 걱정할 일들이 떠오를지라도, 그 생각들에 끌려가지 말고 신묘장구대다라니에 몰두하라는 말씀입니다.

어찌 일어나는 생각을 멈추게 할 수 있겠습니까? 누가 밀려오는 번뇌의 파도를 막을 수 있겠습니까? 이는 거의 불가능합니다.

하지만 일어나는 생각이나 번뇌의 파도에 속아서는 안 됩니다. 속아서 빠져 들어가고 끌려 들어가면 안 됩니다. 빠져 들어가고 끌려 들어가면 한 마음이 되지 못하고, 한 마음이 되지 못하면 성취가 요원합니다.

바로 이때 정신을 차려야 합니다. 마음을 하나로 모아 신묘장구 속으로 다시 돌아가면 됩니다. 다시 돌아가 끊임없이 대다라니를 외우면 모든 잡념·번뇌·근심·걱정·문제·고난 등이 다 해결된다는 가르침입니다.

잊지 마십시오. 근심·걱정·번뇌·잡념이 일어나는 때일수록 신묘장구에 대한 믿음을 불러 일으켜 대다라니 속으로 뛰어들어야 합니다. 신묘장구대다라니를 통하여 모든 것을 해결하겠다는 각오로 온 힘을 다해 기도하면 됩니다. 산란하고 고통스러운 현실의 상태 이상으로, 기도에 온 힘을 기울이겠다는 각오만 분명하여도 반드시 모든 문제가 해결되고, 향상과 행복과 평화의 삶이 자리를 잡게 됩니다.

실로 대다라니 속에는 제불보살감통력(諸佛菩薩感通力)이 간직되어 있습니다. 모든 부처님과 관세음보

살님께서 이 법계에 충만 되어 있는 원만 · 성취 · 진
실의 기운을 언어로 표현한 것이 이 다라니이기 때문
에, 한 마음으로 외우면 불보살님들과 그대로 감응하
고 소통하여, 업장소멸과 동시에 심중소원을 능히 성
취할 수 있습니다.

　부디 관세음보살님께서 설하신 이 세 가지를 마음
에 잘 새기고 신묘장구대다라니 기도에 임하시기를
꼭 당부드립니다.

언제·어디서·얼마동안·몇 편이나?

이제 대다라니 기도를 할 때 언제·어디서·며칠 동안·몇 편이나 외워야 하는지 등에 대해 이야기하겠습니다.

먼저 **기도하는 장소**입니다.

처음으로 신묘장구대다라니 기도를 하는 이는 절과 집 안의 조용한 곳에서 함께 행하는 것이 좋습니다. 곧 일주일에 한 번 정도는 정기적으로 대다라니 기도를 하는 절에서 하고, 나머지 6일은 집에서 하는 것이 바람직합니다.

물론 이웃에 절이 있고 대다라니 기도를 하기가 좋다면 매일 절에서 하는 것이 좋고, 가까운 곳에 대다라니 기도도량이 없고 기도하기가 편치 않다면 오히려 집에서 하는 것이 좋습니다.

절에서 기도를 할 때는 법당 안에서 하면 되지만, 집에서 행할 때는 방해를 받지 않을 조용한 공간을 택하십시오. 어떤 이는 처음 기도를 할 때 집도 좁고 가족들도 이해를 해 주지 않아 부엌 또는 목욕탕에서 하였다고 합니다.

그런데 불자들이 많이 하는 질문이 하나 있습니다. '신묘장구대다라니 기도는 기운이 너무 세서 집에서 하면 안 된다는데…' 하는 것입니다. 그러나 이 말에 속지 마십시오. 이 말 자체가 훌륭한 기도를 못하게 막는 마구니의 장난입니다.

절대로 잊지 마십시오. 천수관음은 어디에나 계십니다. 어디에나 계시기 때문에, 어디에서나 기도할 수 있는 우리를 더욱 기특하게 여기십니다.

정말 중요한 것은 장소가 아니라 '내가 꼭 하겠다'는 자세요 정성입니다. 마음이 있고 정성이 깃든다면 어디에서 기도를 한들 통하지 않겠습니까?

때로는 **'어느 쪽을 향하여 기도를 해야 하는가'** 를 질문하는 이가 많은데, 가재도구가 많은 집안에서 기도를 위한 별도의 방을 갖거나 아늑한 공간을 찾기가 쉽지 않을 것입니다. 그때는 방안에서 그나마 넓게 비어 있는 벽을 향해서 해도 좋고, 화장대 앞에 앉아 가끔씩 자신의 얼굴을 바라보며 행하여도 좋습니다.

『대비심다라니경』에는 중심이 되는 기도처를 만드는 방법 여섯 가지가 기록되어 있는데, 하나같이 그곳에서 대다라니 21편 독송을 하도록 요구하고 있습니다. 그러므로 기도하는 첫 날 신묘장구대다라니를 21편을 독송하고, '부처님·관세음보살님. 이곳에서 대다라니 기도를 열심히 잘하겠습니다. 굽어 살펴 주옵소서.'를 세 번 염한 다음에 시작하면 됩니다.

대다라니 기도는 **하루 중 언제 하는 것이 좋은가?**

하루에 몇 편을 외우느냐에 따라 다르겠지만, 마음을 잘 모을 수 있는 때라면 언제라도 좋습니다. 가급적이면 일어나서 씻은 다음의 시간이나 잠자기 전의 밤중, 전업 주부라면 남편과 자식들이 나가고 난 다음의 조용한 오전시간이 좋습니다.

'하루에 몇 편씩 대다라니를 외워야 하는가?'는 '어떤 일로 기도를 하느냐?'에 따라 달리 잡아야 합니다. 큰일이라면 많이 해야 하고, 작은 일 때문에 기도를 한다면 적게 외우면 될 것입니다.

또 기도를 통하여 '얼마나 빨리 업장을 녹이고 원 성취를 하느냐'는 기도하는 이의 정성과 업의 두께에 따라 달라지기 때문에 일률적으로 정하기가 곤란합니다.

그러나 굳이 이야기하라면 최소 기간을 삼칠일(21

일) 또는 49일로 잡는 것이 좋고, 보통은 백일기도를 함이 바람직합니다.

만약 현실적으로 아무런 문제가 없고 편안하지만 대다라니를 외우면서 관세음보살님의 **은근한 가피와 대다라니의 위신력을 입고자 하는 경우라면** 하루 21 편정도 외우면 됩니다. 이 기도는 21일·49일·1백 일 등의 기간을 정하지 말고 늘 계속하는 것이 좋습니다.

그런데 신묘장구대다라니 기도를 제대로 해보고는 싶은데 아직 신심이 자리를 잡지 못하였다면, 21편 씩 21일 동안 외우는 기도부터 시작하십시오. 그 다음에는 49편씩 49일 기도, 또 그 다음에는 100편 또는 108편씩 1백일기도를 하면 참 좋습니다. 그러다 가 신심이 생기면 1주일에 한 번씩 하루 1천 편을 하는 가행정진을 병행할 것을 권해봅니다.

그리고 가족 친족 **영가의 천도를 위한 기도라면** 하루 49편씩 49일 동안 기도를 하는 것이 바람직합니다.

만약 **현재 꼭 이루었으면 하는 소원이 있다면** 그 소원의 강도에 따라 기도를 하는 것이 맞습니다.

가령 조금만 힘을 기울이면 될 경우라면 21일 동안 49편이나 100편 또는 108편씩 외우면 되겠지만, 해결이 다소 힘들다 싶으면 49일 동안 100편 또는 108편, 1백일 동안 100편 또는 108편을 외울 각오를 해야 합니다.

곧 꼭 이루어야 할 소원이 있어 기도할 경우라면 적어도 하루에 한 두 시간은 기도를 해야 합니다. 참고로 하루 49편을 빨리 외울 경우 초보자는 1시간 정도의 기도시간이 소요됩니다.

그리고 한번 기간을 정하여 업장이 녹지도 원성취가 되지도 않을 때에는 '두 번 세 번 행하겠다' 는 자세를 갖추어야 합니다.

이렇게 기한을 정하여 꾸준히 기도를 하다 보면 그 날짜가 다 채워지기도 전에 가피를 입는 듯한 징조를 감지하게 되는 경우가 있습니다. 그렇다고 하여 회향일 전에 기도를 그만두지 말고, 꾸준히 계속하여 날짜를 채우는 것이 좋습니다.

매우 다급하고 힘든 경우에 봉착하였다면 하루 종일 한다는 각오로 임하여야 합니다. 『대비심다라니경』에서는 다음과 같이 설하고 있습니다.

① 집안에 크고 나쁜 병이 찾아들거나

② 갖가지 괴이한 일이 자꾸 일어나거나

③ 귀신과 악마가 집안을 어지럽히거나

④ 나쁜 사람들이 입을 놀려 모해하거나

⑤ 집 안의 위아래와 안팎이 화목하지 못할 때

천안대비상 앞에 단을 차리고 지극한 마음으로 관세음보살의 명호를 염한 뒤에, 이 다라니를 1천편 외우면 위에 열거한 모든 나쁜 일이 소멸되느니라.

그러나 이보다 더 큰일에 봉착하였다면 오나가나 앉으나 서나 대다라니를 하되, 기한을 정하지 말고 해결이 될 때까지 계속해야 합니다.

나의 능력으로는 어찌할 수 없어서 참으로 애가 타고 애간장이 녹아나는 일이 있다면 이것저것 생각할 겨를이 없습니다. 모든 것을 관세음보살님과 대다라니의 위신력에 맡기고 배고픈 아기가 어머니를 찾듯이, 갈증으로 신음하는 사람이 물을 찾듯이, 중병을 앓는 이가 용한 의사를 찾듯이 간절한 마음으로 대다라니를 외워야 합니다.

밥을 먹을 때도 대다라니를 외우고, 뒷간에서 볼일

을 볼 때도 대다라니를 외워야 합니다. 적당하고 형식적인 기도로는 안 됩니다. 지극하게 매달려야 합니다. 진한 땀이 흘러나오고 눈물이 쑥 빠지도록 열심히 외우게 되면, '나'의 힘으로는 어찌할 수 없는 일도 얼마 지나지 않아 해결을 볼 수 있게 됩니다.

어려운 고비를 한숨으로 지새지 말고 신묘장구대다라니로 자리 메움을 해보십시오. 조급증을 내지 말고 기도하십시오. '나는 이제 죽었다' 싶으면 죽을 각오로 대다라니를 하면 업장이 녹으면서 복이 찾아듭니다.

그리고 계속해서 사건이 터지고 문제가 너무나 심각하여 **해결의 기미가 전혀 보이지 않을 경우**에는 10만 편의 기도를 각오해야 합니다. 이 경우에는 틈만 나면 대다라니를 외우는 것이 맞습니다.

그런데 10만 편을 다 외우기 전에 모든 일이 원만하게 풀리는 경우가 대부분입니다.

하지만 조금 성취되고 문제가 해결되었을지라도 멈추지 마십시오. 멈추지 않고 계속하면 참으로 좋은 일들이 많이 생기고 향상의 수행까지 겸할 수 있게 됩니다. 꼭 10만 편을 채우시기 바랍니다.

또 큰 깨달음을 이루기 위한 대다라니 기도라면 평생을 할 각오를 해야 합니다.

그럼 **횟수는 어떻게 헤아리는가?** 21편 · 49편 · 108편은 나뭇가지(성냥개비 · 이쑤시개)나 바둑알, 두꺼운 종이를 오린 것 등을 그 수효만큼 놓아두고 하나씩 옮기면 됩니다. 가령 108편을 외울 경우에는 바둑알 27개를 놓아두고 오른쪽에서 왼쪽, 왼쪽에서 오른쪽으로 옮기기를 두 번하면 108번이 되니 참고 하시기 바랍니다.

특히 1천 편 가행정진이나 10만 편 기도시에는 계수기의 사용과 함께 매일매일 기록을 하면 좋습니다. 물론 다니면서 외울 때에도 계수기를 사용하면 편리합니다.

그리고 신묘장구대다라니의 **사경도 매우 좋은 기도방법**으로, '사경이 더 영험스럽다' 고 하는 이들도 많습니다. 사경을 할 경우 최소한 하루 3편에서 시작하여 7편이나 10편정도 쓰는 것이 좋고, 다급한 소원이 있을 경우에는 하루에 49편 · 50편씩 쓰는 것이 바람직합니다. 또한 사경과 독경을 적당한 비율로 섞어서 기도하는 것도 한 방법입니다.

혹, 일부 불자들 중에는 대다라니 기도를 하다가 쉽게 성취를 보지 못하면, "대다라니는 나와 인연이 없는가 보다. 광명진언을 부르는 것이 더 좋지 않을까?" 하면서 스스로를 흔드는 이가 있습니다.

또 주위의 스님이나 신도가 지나가는 말로 "당신은 대다라니보다 능엄주와 인연이 깊다."고 하면, 그만 흔들려서 능엄주를 하는 이들까지 있습니다.

그러나 제대로 하지 않을 때 무언가 부족한 듯이 느껴지고, '다른 것이 더 좋지 않을까?' 기웃거리게 되는 법입니다. 그러므로 이때 마음을 잘 추슬러서 계속해야 합니다. 이럴 때 흔들려서는 안 됩니다.

오히려 이것이 시련이요 기도를 방해하는 마장(魔障)이 될 수 있으므로, 더욱 지조 있게 신묘장구대다라니를 외우거나 써야 합니다.

바꾸어 말하면, 마장이 나타난다는 것은 업장소멸과 기도 성취가 그만큼 가까워졌음을 시사하는 것이므로, 더욱 마음을 모아 대다라니 기도를 하라는 것입니다.

대다라니 속에는 이 법계의 자비와 행복의 기운이 가득 충만 되어 있습니다. 그 자비와 행복의 기운을

'나' 의 것으로 만들게 하는 것이 대다라니 기도입니다. 부디 지금의 시련을 업장을 녹여 큰 복을 담을 수 있는 기회로 생각하고, 꼭 신묘장구대다라니 기도를 해보시기 바랍니다.

정녕 일생에 단 한 번이라도 대다라니기도를 철저히 하여 불보살님의 자비광명과 삼보의 감통력 속으로 들어가는 물꼬를 트게 되면, 가피가 끊임없이 이어지게 된다는 사실을 잊지 마시기 바랍니다.

그 밖의 명심하고 주의할 점

대다라니를 외울 때 새겨두면 좋은 점 몇 가지를 이야기하겠습니다.

먼저 **소리의 크기**입니다. 대다라니를 외울 때 반드시 고성(高聲)으로 외울 필요는 없습니다. 물론 사찰에서 대중이 함께 기도할 때는 고성으로 해야 하겠지만, 혼자서 외우는 경우라면 크게 할 수도 있고 작게 할 수도 있으며, 때로는 혼자만의 속삭임처럼 외울 수도 있습니다. 마음이 답답하거나 속이 타는 경우라면 아주 크게 외칠 수도 있습니다.

그런데 '큰 소리로 하면 더 공덕이 있다'는 말을 듣고 일부러 큰 소리를 내는 불자들이 있습니다. 그러나 공덕의 크고 작음은 마음을 얼마나 잘 모아 기도하느냐에 달려 있는 것일 뿐, 소리의 크고 작음과는 별 상관이 없습니다. 오히려 소리를 크게 냄으로써 주위 사람들의 반감을 불러일으키는 경우도 있으므로, 처한 환경에 따라 소리의 강약을 조절하는 것이 좋습니다.

하지만 **내가 외우는 다라니의 소리를 꼭 내 귀로 들**

으면서 기도하는 것이 최상입니다. 남이 듣는 소리를 중요시하기 보다는, '나' 속에서 끊임없이 이어지고 있음을 느끼는 것이 중요합니다.

옆에 있는 사람은 무슨 소리인지 알아듣지 못해도 상관이 없습니다. 입만 달싹거릴 뿐, 소리가 거의 밖으로 새어나오지 않게 외워도 무방합니다. 하지만 아무리 작은 소리로 외워도 내가 외우는 다라니의 소리를 내 귀는 들을 수 있습니다. 꼭 내 귀가 알아듣게 의식하면서 외우기를 당부드립니다.

두 번째는 될 수 있는 한 **신묘장구대다라니의 원문을 보면서 독송**하라는 것입니다. 대다라니를 다 외웠다고 하여 눈을 감고 계속 외우면 처음에는 집중이 잘 되는 듯하지만, 곧 잡생각에 빠져들기 때문에 헛되이 입으로만 외우게 되는 경우가 많습니다. 그래서 옛 스승님들께서는 어떤 경문이나 의식문이든 꼭 보면서 외우도록 가르쳤습니다.

그러므로 대다라니를 한 숨에 한 번 외울 정도의 집중력이 생길 때까지는 꼭 보면서 독송하십시오. 만약 눈이 많이 피로하다면 한 번은 보면서 읽고 한 번은 보지 않고 외우는 등의 방법을 취하는 것도 좋으나, 계속 보지 않고 외우는 것은 바람직하지 않습니다. 물론 외부를 다닐 때나 운전할 때 등, 움직이는 경우에는 예외입니다.

셋째, 이 신묘장구대다라니를 외울 때는 **꼭 천수경과 함께** 외우는 것이 좋습니다. 곧 천수경의 처음부터 신묘장구대다라니의 앞까지를 한 번 읽고, 내가 하루 동안 외우기로 한 대다라니의 편수를 모두 외운 다음, 대다라니 다음부터 천수경의 끝까지를 한 번 읽으면 됩니다.

이렇게 내가 읽는 신묘장구대다라니를 중심에 두고 천수경을 읽게 되면 『대비심다라니경』에서 갖추도록 한 의식을 충족할 수 있게 됩니다.

만약 앞뒤를 다 외우지 못할 경우라면 대다라니 앞쪽 부분은 꼭 외우도록 하십시오. 그 까닭은 앞에서 살펴보았듯이 『대비심다라니경』에서 관세음보살님이 꼭 세우라고 당부한 원들이 천수경의 앞부분에 있기 때문입니다.

또 한 가지 강조할 점은 신묘장구대다라니를 설하고 있는 **『대비심다라니경』을 가끔 한 번씩 독송**하라는 것입니다. 이 『대비심다라니경』에는 신묘장구대다라니에 대한 관세음보살님의 깊은 마음과 가피력 등이 보다 상세히 기록되어 있기 때문에, 신심을 더욱 크게 불러일으킬 수 있습니다. 7일 또는 보름에 한 번, 적어도 한 달에 한 번은 꼭 독송하시기 바랍니다(『대비심다라니경』은 제3부에 수록되어 있음).

다라니를 **앉아서 외울 때의 자세**는 반가부좌를 하는 것이 기본입니다. 그러나 가부좌를 하기가 힘들다면 의자에 단정히 앉아 기도해도 괜찮습니다. 그리고 바르게 앉을 수 없을 만큼 몸이 좋지 않을 경우, 벽에 기대거나 누워서 해도 무방합니다. 물론 대다라니 기도를 하여 몸이 회복된다면 단정히 앉아 해야 합니다. 그래야 집중도 더 잘되기 때문에….

공양물에 대해서는, '집에서 기도를 할 때 음식을 올려야 하는가'를 묻는 불자들이 예상 밖으로 많습니다.

집에서 기도할 경우에는 기본적으로 향을 피우는 것으로 족하며, 조금 더 한다면 꽃과 촛불, 정안수까지는 괜찮습니다. 특히 정안수를 올렸다가 기도 한 다음에 마시는 것은 매우 좋습니다. 그러나 음식물을 공양하게 되면 객귀 등의 잡된 신이 찾아들 수도 있으므로 올리지 않는 것이 좋습니다.

　그리고 평소에 향냄새 및 향연기에 대해 부작용이 있는 분이라면 향을 피우지 않아도 됩니다. 이 경우 억지로 피우게 되면 오히려 기도에 방해가 될 뿐입니다.

　또 한 가지, 대다라니 기도를 할 때 불사(佛事)에 동참한다는 마음으로 형편에 맞게 가족의 축원을 곁들이며 한 푼씩의 보시금을 올렸다가, 절에 갈 때 가지고 가서 보시를 하거나 법보시 등 특정한 불사에 보시를 하는 것도 좋은 방편이 될 수 있습니다.

　나아가 복 짓는 일을 자꾸 하고자 하십시오. 복의 힘이 무상한 듯하지만 복력만큼은 어느 누구도 무너뜨릴 수 없습니다. 기도와 복짓기를 함께하면 참으로 대단한 능력을 키울 수 있고 크게 향상할 수 있으니 꼭 유념하시기 바랍니다.

　특별한 일 때문에 **부득이 기도를 못하게 될 때**, 곧 여행이나 특근 등으로 집에서 대다라니 기도를 할 수 없는 경우라면, 스스로가 정한 횟수만큼 차 안이나 직장 등 어느 장소에서든 외우는 것이 좋고, 그것이 어려우면 단 한 번이라도 외운 다음 사정을 고하여야 합니다.

"오늘은 특별한 사정 때문에 기도를 제대로 행하지 못하게 되었습니다. 이 허물을 받아 주시옵소서. 내일은 올바로 잘하겠습니다."

그리고는 스스로가 세운 축원 및 발원을 염하십시오. 이렇게 하면 한 번 하지 않은 것을 핑계 삼아 계속하지 않게 되는 허물을 막을 수 있습니다.

실로 대다라니를 독송하거나 사경을 하다보면 **'잘못했습니다', '감사합니다' 라는 생각이 깊이 우러나올 때**가 있습니다. 진정으로 참회를 하고 감사를 느낄 이때가 바로 대우주의 성취파장이 가장 빨리 다가올 때입니다.

그러므로 대다라니를 외우다가 마음속으로 '잘못했습니다. 감사합니다. 업장을 소멸시켜 주서서 감사합니다, 소원을 성취시켜 주서서 감사합니다' 등의 속삭임이 이어져도 문제가 되지 않으니, 얼마든지 깊이 참회하고 크게 감사하십시오.

어떤 이는 "잘못했다고 하라는 뜻은 알겠는데 감사는 왜 하라는 것인가?", "현재 이루어지지도 않았는데 왜 '이루어 주서서 감사하다' 라고 하지?" 등의 의문을 일으킵니다.

그러나 이 또한 기도의 한 방법입니다. 미래의 성취를 이미 이룬 과거형으로 바꿈으로써 틀림없는 성취를 이끌어 내는 것입니다. 그리고 소원이 있으면 '불보살님께서 알아서 해주겠지' 하지 말고, **함축성 있는 축원 및 발원의 구절을 만들어 기도의 시작과 끝에 꼭 외워야** 합니다. 이 경우, '나'의 이기적인 욕심만 풀어놓지 말고 자리이타(自利利他)가 될 수 있는 원도 함께 발하여야 합니다. 예를 들어보겠습니다.

"부처님·관세음보살님. 저의 ……한 소원이 꼭 이루어지게 하옵고, 모든 중생에게 불보살님의 자비와 지혜와 행복의 빛이 충만하게 하소서."
"모든 이를 살리는 이 몸이 되겠나이다. 일체 재앙이 티끌로 화하고 소원이 성취되어지이다. 감사합니다."

이렇게 무조건 잘못을 참회하고 감사하면서, 나와 남을 함께 이롭게 하는 자리이타의 원을 발하여 보십시오. 모든 업장을 만들었던 이기심이 스르르 무너지면서 가피를 입음은 물론이요, 새롭게 태어날 수 있습니다.

신묘장구대다라니 기도를 하면 누구나 영험스러운 힘을 발휘할 수 있습니다. 말로만 기도하겠다고 하지 말고 실천을 해보십시오. 믿음을 가지고 실천을 하게 되면 영험스러운 힘이 저절로 표출됩니다.

하지만 실천에 옮길 때는 반드시 덥고 추운 시절이 닥쳐옵니다. 그러나 덥다고 게으름을 피우고, 춥다고 움츠러들어서는 안 됩니다. 더울 때는 땀을 흘리며 기도하고 추울 때는 당당하게 정진해야 합니다.

실로 대다라니 기도를 많이 하다보면 몸이 아프기도 하고 가슴이 답답해지기도 하고 불안이 몰려오기도 하고 하루 종일 망상에 빠지기도 하고 견딜 수 없이 졸립기도 합니다. 원망심이 치솟고 근심걱정이 끊이지 않고 절망과 좌절감이 더 느껴질 때도 있습니다.

어떤 날은 하기 싫어 핑계거리를 찾는가 하면, 어떤 날은 과거의 탐욕 때문에 부끄러움에 빠지고, 어떤 날은 과거의 일이 떠올라 분노할 때도 있습니다. 그러면서 기도에 회의를 느끼기도 합니다.

하지만 끌려가지 마십시오. 회의가 들고 흔들릴수록 계속해야 합니다. 이것은 지난날의 업장이 모습을 드러내는 것이요, 이 고비를 넘기면 업장은 저절로 녹아내립니다. 그러므로 중단 없이 계속하여야 합니다. 계속하기만 하면 문제들을 넘어서게 되고 다시 힘이 납니다. 3편만 더 외워도 틀림없이 힘이 납니다.

하기 싫고 피곤하고 근심·걱정·불안·핑계 등이 일어나거든 모두 신묘장구대다라니 속으로 던져버리십시오. 대다라니의 불길 속에 던져버리면 그 모두가 녹아버립니다. 대다라니의 바다 속에 던져버리면 그 모두가 자취도 없이 사라집니다.

내 목소리를 내 귀로 들으면서 자꾸자꾸 대다라니에 집중하면 나와 나에 대한 헛된 생각은 모두 없어지고 대다라니만 남게 되며, 대다라니만 남게 되면 업장이 녹아내리면서 그 자리에 환희와 기쁨과 행복이 가득 넘치게 되고 향상과 성취의 가피가 펼쳐지게 되는 것입니다.

꼭 명심하십시오. 나에게 다가온 모든 일의 책임자는 나입니다. 내가 책임자이기 때문에 내가 해야 해결할 수 있습니다. 내가 해야만 가장 빠르고 정확하게 해결할 수 있습니다.

내가 지은 업으로 전개된 나의 세상. 과연 누가 해결할 것입니까? 바로 나입니다. 신묘장구대다라니 기도로 해결사가 되어보십시오. 근심·걱정·미움·원망·불행·불안 등은 자꾸자꾸 멀어지고, 자비와 사랑·지혜·믿음·희망·행복·평화 등이 그 자리를 차지하게 됩니다.

부디 그 날까지, 득력(得力)의 그 날까지 열심히 신묘장구대다라니와 함께하여 모든 원을 성취하시기를 두 손 모아 축원드립니다.

나무대자대비관세음보살.

나무천수천안관세음보살광대원만무애대비심다라니.

II
신묘장구대다라니
기도 영험담

우룡스님

1. 고난과 장애를 능히 극복하다

사업을 다시 일으킨 곽처사

　가끔씩 나를 찾아오는 50대의 곽처사는 2006년 위암에
걸려 수술을 받은 다음 불교를 열심히 믿게 되었고, 나는
그에게 신묘장구대다라니 기도나 금강경 독송을 권하였
습니다. 곽처사는 신묘장구대다라니의 발음이 독특하고
음률이 재미있다며 부지런히 외우더니, 49일 기도 끝에
대변으로 몸속의 고름이 몽땅 빠져나오는 꿈을 꾸고 몸
이 한결 가벼워짐을 느꼈습니다. 이후 암에서 완쾌되었
다는 확신을 얻은 그는 친구들과 동업하여 회사를 차리
게 되었습니다.

　그러나 업이 다 녹지 않았음인지 2008년 9월의 리먼사
태로 인한 금융위기 때 회사가 자금난으로 어려움을 겪
게 되어 소유하고 있던 지분을 모두 잃게 되었습니다. 이

것만 하여도 말할 수 없는 큰 고통이었는데, 더 섭섭한 것은 그 동안 친했던 모든 사람들이 모른 척 등을 돌린 것이었습니다.

곽처사는 다시 기도를 시작했습니다. 그러나 무엇을 이루어 달라거나 재기하게 해달라는 기도가 아니라, '도대체 왜 이런 시련이 나에게 오는가? 나를 힘들게 만든 그들을 무릎 꿇게 할 방법은 없는가?' 하는 기도였습니다.

물론 특별한 발원이 없었기 때문에 간절한 기도가 이루어지지 않았고, 그저 신묘장구대다라니를 하루 21편 정도만 외웠습니다. 그런데 1년이 지나자 생각이 바뀌었습니다.

'빈손으로 왔다가 빈손으로 가는 인생. 본래 내 것이 어디 있는가? 내가 망한 것은 내가 갚아야 할 빚이요, 사람들이 나에게 모질게 한 것 또한 내 과보가 아니겠는가? 이제부터 참회의 기도를 하면서 새롭게 살아보자.'

과연 기도를 계속하였더니, 자신의 거칠었던 행동과 증오·분노·혐오감·고집·의심들이 선명하게 보이기 시작했고, 헛된 것들을 부질없이 쥐고 살아왔음을 깨닫고 진실한 참회를 할 수가 있었습니다. 그리고 신묘장구대다라니 기도에 임하면 그 속에 흠뻑 젖어들었고, 차츰 마음이 환희로워지고 용기가 생기고 긍정적이 기운이 샘 솟았습니다.

어느덧 대다라니 기도는 10만 편에 이르렀고, 2011년 초가 되자 중견기업체를 운영하던 지인이 '새롭게 세운 중견기업체 사장으로 일해 볼 생각이 없느냐?'고 문의가 들어왔습니다.

부처님과 관세음보살님께 감사를 드리며 사장으로 취임한 그는 지금까지 참으로 밝고 성실하고 따뜻한 마음으로 직원들을 아끼며 회사를 잘 운영하고 있습니다.

기우는 집안을 다시 세운 대다라니 기도

수 년 전, 남편이 직장을 다니다 그만두고, 부산에서 편의점을 차린 40대 중반의 부부가 있었습니다. 처음 시작한 가게치고는 생각보다 잘되어 재미와 보람을 느꼈었는데, 욕심이 생긴 남편이 주위에 있는 편의점을 하나 더 인수하면서부터 힘겨운 시간이 시작되었습니다.

편의점을 하나할 때만 하여도 아내인 선행심 보살은 고등학교를 다니는 두 자녀를 뒷바라지할 수 있었는데, 두 개의 편의점을 시작하면서부터는 아이들 한 끼 밥도 차려줄 시간이 없을 만큼 일에 치이며 살아야 했습니다.

그렇다고 가게가 잘되는 것도 아니었습니다. 편의점은 둘인데 수입은 반으로 줄어들었고, 두 번째 가게를 낼 때 빌린 빚의 이자를 갚고 나면 손에 쥐는 것이 별로 없었습니다. 두 자녀를 제대로 보살피지 못하는 것에 대한 죄책감에다, 날이 갈수록 몸은 피로에 지쳐버렸고, 돈에 대한 압박은 장사를 하고 있는 삶 자체를 우울하게 만들었습니다. 마침내 2년이 지났을 때 편의점을 처분해야 할 위기에 봉착하게 되었고, 남편에 대한 원망은 극에 달하게 되었습니다.

그때 선행심 보살은 불교신행연구원으로 전화를 하여

김현준 원장과 상담을 하게 되었고, 김현준 원장은 보살에게 간곡히 말했습니다.

"보살님, 현재 보살님 앞에 펼쳐져 있는 모습은 보살님 업의 모습입니다. 보살님으로서는 이해가 되지 않겠지만, 지난 세상에 지은 업과 현재의 탐·진·치심이 함께 작용하여 이와 같은 현실을 만들어낸 것입니다. 곧 지금 전개되고 있는 것들이 거울에 비친 보살님의 모습임을 잊지 말아야 합니다. 이제부터 장사의 요행수를 바라지도 말고, 남편을 원망하지도 말고, 세상을 비관하거나 우울해하지도 마십시오. 그리고 '불보살님을 잘 모시며 살겠다'는 마음으로 기도를 시작하십시오."

"무슨 기도를 하는 것이 좋겠습니까?"

김원장은 천수경을 외우는지를 물었고, 선행심 보살이 '외운다'고 하자 다짐을 했습니다.

"오늘부터 매일 신묘장구대다라니를 3백편씩 백일동안 외우십시오. 절이나 집에서 외울 형편이 되지 않을 것이니 장사를 하면서 외우십시오. 3백편은 꼭 외워야 됩니다."

그 뒤 열흘 쯤 지났을 때 보살은 다시 전화를 했습니다.

"손님들을 대하면서 외우려고 하니 통 집중이 되지 않고, 3백편을 외우는 것 자체가 힘이 듭니다."

"물론 쉽지 않겠지요. 아무 일 없이 그냥 대다라니만 외워도 5~6시간은 더 걸릴 텐데…. 이제부터는 계산대 가까이의 잘 보이는 곳에 신묘장구대다라니를 붙여놓고 보면서 외우십시오. 그럼 훨씬 쉽게 할 수 있을 것입니다."

그날부터 선행심 보살은 참으로 열심히 기도했습니다. 그리고 50일 가량이 지나자 30초면 대다라니 1편을 외울 수 있게 되었고, 장사를 하고 손님을 응대하면서도 300편을 외우는 것이 어렵지 않았습니다.

그리고 마침내 백일기도를 마쳤지만 마음은 편안해졌고 가족과 손님들을 웃음으로 대할 수 있게 되었습니다. 김현준 원장은 이러한 보살에게 한 차례 더 기도할 것을 권했습니다.

"외우는 속도가 많이 빨라졌으니 이번에는 하루에 5백편씩 백일기도를 하십시오. 꼭 좋은 결과가 있을 것입니다."

선행심보살의 마음은 안정이 되어 있었기 때문에 모든 것을 부처님과 관세음보살님께 맡기고 신묘장구대다라니를 외우는데 몰두했습니다. 차츰 손님을 대할 때도 대다라니가 잘 외워졌고, 잠잘 때도 외워졌습니다. 보살은 계수기로 횟수를 세었는데, 어떤 때는 하루에 1천편을 넘게 외우는 날도 있었습니다.

　마침내 두 번째 백일기도 70일이 되었을 때 근처에 있
던 편의점 두 곳이 연달아 문을 닫으면서 손님들이 밀려
왔고, 거래처가 개발한 도시락의 인기가 치솟아 매출이
5배나 증가하였습니다. 보살이 감사의 인사와 함께 이
사실을 알려오자 김현준 원장은 말했습니다.

　"보살님, 기도 중단하지 말고 백일기도 잘 마치십시오.
그리고 앞으로도 '부처님과 관세음보살님 잘 모시고 살
겠다'는 생각으로 기도하고 가게를 운영하십시오. 틀림
없이 나날이 융성해지고 행복해질 것입니다."

　　　　　　　　　　🙐

　'안 된다'고 포기하지 마십시오. 신묘장구대다라니는
구고다라니(救苦陀羅尼)요 만원다라니(滿願陀羅尼)입니
다. 우리를 고통에서 구해주고 우리의 괴로움을 해결해
주는 구고다라니요, 우리의 원을 성취시켜주고 우리가
구하는 것을 얻을 수 있게 해 주는 만원다라니입니다.

　일심으로, 확실한 믿음을 가지고 신묘장구대다라니를
외워보십시오. 틀림없이 현증가피를 입어 뜻과 같이 이
룰 수 있게 됩니다.

꾸준한 기도로 모든 고난을 극복한 감로행 보살

현재 서울 송파구에 살고 있는 감로행 보살의 이야기입니다. 첫째는 아들, 둘째는 딸을 둔 감로행 보살은 청각장애를 가진 딸이 특수학교를 다니기 시작할 무렵부터, 몸에 이상이 생기기 시작했습니다. 여러 병원을 찾아가 검사를 하면 아무런 이상이 없다고 하는데도, 늘 힘이 없어 쓰러질 듯하였고, 밥도 제대로 먹을 수 없었습니다. 어느 날 보살은 우연히 잡지 한 귀퉁이에 실린 신행수기를 읽고 생각했습니다.

'아, 기도를 하면 살 수가 있겠구나. 내가 매달릴 곳은 기도뿐이다.'

보살은 신묘장구대다라니 기도로 가피를 받은 분들이 많다는 이야기를 듣고, 본격적으로 대다라니 기도를 시작했습니다. 그때가 1995년, 쇠약해질대로 쇠약해진 몸을 이끌고 '엄마 없는 아이들을 만들 순 없다.' 는 일념으로 이를 악물고 기도를 했습니다. 하루에 신묘장구대다라니 108편씩을 하루도 빼놓지 않고 계속했습니다.

처음 대다라니 기도를 하던 때, 보살의 머릿속에는 온통 '나는 왜 아픈 걸까? 왜 나에게 이런 일이 생겼나?' 라는 의문이 떠나지 않았습니다. 어린 남매를 제대로 보살 피지 못하는 엄마라는 죄책감과 함께 자신에게 일어난 힘겨운 일들에 대한 의문들로 머릿속이 가득 차 있었습 니다.

그런데 기도를 시작한 지 얼마 지나지 않았을 무렵, 평 소와 다름없이 머릿속에 가득한 생각들을 품은 채 기도 를 올리는데, 눈 한 번 깜빡하는 순간에 한 장면이 보였 습니다. 누군가와 악다구니를 쓰며 몸싸움을 벌이고 있 는 보살 자신의 모습이 보였고, 상대를 밀쳐 그 사람을 해코지하는 자기 모습을 보았습니다. 바로 그때 늘 머릿 속을 맴돌던 '왜?'라는 의문이 일순간 사라졌습니다.

'전생의 그 업보로 내가 이렇게 힘든 고통을 겪게 되었 구나.'

이를 깨닫고 나자 보살은 맑은 정신으로 기도에 집중 을 할 수 있었고, 어디에도 끄달리는 것 없이 거침없이 기도정진을 할 수 있었습니다.

그리고 며칠 뒤 온 몸에 열이 오르는 것을 간신히 잠재 우고 잠이 들었는데, 검은 형체를 한 사람이 난데없이 달 려와 보살의 가슴팍을 누르며 숨도 못 쉬게 콱 누르기 시 작했습니다. 그 억센 손아귀에서 벗어나려 실랑이를 하 다가, 순간적으로 '관세음보살님'을 외치며 힘껏 뿌리치자 검은 형체는 한 쪽으로 내동댕이쳐지며 온데간데없이 사라졌습니다. 보살은 죽음에 대한 두려움보다 부처님의 가피를 받고 있다는 생각에 초연해지는 것을 느꼈다고 합니다.

그러나 그것이 업장소멸의 전부는 아니었습니다. 몸속에 작은 희망과 용기가 솟아오르는 듯한 느낌을 받고 있을 때, 집안에 불행의 그늘이 닥쳐왔습니다.

설계사무소에서 일하던 남편이 어느 날 갑자기 휴직하게 되면서부터 가세가 점점 기울기 시작하였고, 청각장애를 가진 딸은 세상의 편견과 맞서며 힘겨운 시간을 보내고 있었습니다. 또 착하기만 했던 아들은 딸교육에 신경을 쓰느라 정성을 쏟지 않았더니 질이 좋지 않은 친구들과 어울려 학교공부는 등한시하며 속을 썩이기 시작했습니다.

그렇게 집안에 우환이 생기자 감로행 보살은 더욱더 기도에 매달려 어려운 시간들이 빨리 지나가고 가족이 모두 원만해지기를 발원했습니다. 매일 대다라니 108편을 독송하며, 아미타불과 지장보살님께도 기도하고 또 기도했습니다. 그런데 참으로 묘한 것은 가족에게 꼭 필요한 생활비는 반드시 생겨났다는 점입니다. 남편에게 단편적인 일거리가 생기거나 누군가가 고맙다고 하면서 사례금을 주는 등···. 보살은 잠자는 시간도 아껴가며 기도정진에 온 힘을 쏟았고, 차츰 신이한 현몽들을 접하게 되었습니다.

어느 날, 기도를 하고 보살 앞에서 누군가가 옷을 벗고 있었습니다. 너무나 더럽고 지저분해 보이는 옷들을 하나, 둘 벗기 시작하는데, 자세히 보니 남편이 평상시에 입던 옷들이었습니다. '아, 대다라니 기도로 남편의 업장을 소멸시켰구나.' 하는 생각이 들었고, 그 뒤로도 몇 번 더러운 옷가지들을 벗어놓는 남편의 꿈을 꾼 후로 보살의 남편은 설계일을 다시 시작하게 되었습니다.

그리고 딸이 대학입학 시험을 치기 전에, 감로행 보살은 평소처럼 신묘장구대다라니기도에 열중하였는데, 입시기도가 끝나갈 때쯤, 기저귀를 목까지 길게 차고 앞서가는 딸아이의 꿈을 꾸었습니다. 그런데 기저귀가 너무나 더러웠습니다. 보살은 딸을 뒤쫓아가서 "얘, 이게 뭐냐."하며 기저귀를 쑥 빼주는 찰나에 꿈에서 깨어났습니다. 꿈에서 깨고 나서도 어찌나 속이 후련한지 딸아이의 업장소멸을 대신 해준 것 같은 현몽이 참으로 신기하고 묘한 느낌이었습니다. 물론 딸은 대학에 합격하여 열심히 디자인공부를 하였고, 졸업 후 청각장애인으로는 드물게도 정상인들이 근무하는 디자인회사에 입사하여 실력을 인정받고 있습니다.

보살은 기도 밖에 모르는 세월들을 우직하게 살아오는 동안, 이루 말할 수 없을 만큼 많은 부처님 가피를 받게 되었습니다. 아무 이유 없이 힘이 빠지고 기력이 쇠하였던 보살은 차츰 기운을 되찾아 불교신행연구원에 자원봉사를 다닐 정도로 몸이 회복되었으며, 건설회사에서 정년퇴직을 한 남편은 지인들의 도움으로 설계 및 감리일을 꾸준히 할 수 있게 되었습니다. 뿐만 아니라 학교공부에 소홀해 속을 썩이던 큰아들은 마음을 바로잡고 대학원에 진학하여 지금은 한 반도체회사의 본부장으로 일하고 있으며, 늘 가슴에 남던 작은딸 역시 성실한 남편을 만나 예쁜 손녀를 낳고 알토란같은 가정을 꾸리며 행복하게 잘 살아가고 있습니다.

ଡ଼

어두웠던 감로행 보살의 가정에 이런 행복과 희망이 찾아든 이유는 지난 20년 동안 한눈팔지 않고 오직 앞만 보며 기도했던 결과였습니다. 어떤 어려움이 닥쳐와도 '나는 기도하는 사람이요, 불보살님과 함께 한다.' 는 생각을 하면, 없던 용기도 솟아나며 모든 일에 의연하게 대처할 수 있었습니다. 그리고 꾸준히 기도하면 '부처님의 가피로 곧 밝은 날이 올 것' 이라는 기대와 희망이 가슴 가득 차오르게 됩니다.

　만약 대다라니를 하여 가족과 자신이 가피를 입었다면 불보살님의 은혜를 갚고자 하는 마음, 불보살님을 잘 모시며 살겠다는 결심을 하며 살아야 합니다. 한발 더 나아가 중생구제라는 대원을 향해 정진할 것을 다짐하고, 대다라니 기도가 가져다 준 행복의 힘을 어려움에 처한 다른 이들과 함께 나눌 것을 발원해야 합니다. 이 감로행보살처럼, 많은 불자님들이 대다라니 기도를 통하여 업장소멸과 함께 무한한 부처님의 가피로 충만하기를 두 손 모아 축원드립니다.

칠불사를 중창한 통광스님의 기도

지리산은 문수보살의 상주도량(常住道場)이요, 그 중심은 칠불사(七佛寺)라고 전해지고 있습니다. 김해 김씨의 시조인 김수로왕의 일곱 왕자가 출가하여 모두 도를 깨쳤다고 하여 절 이름을 '칠불사' 라 하였다고 합니다. 그러나 칠불사는 6·25사변 전후로 모두 소실되어 겨우 명맥만을 유지하고 있었습니다. 그런데 이곳에 통광(通光 : 1940~2013)이라는 스님이 찾아왔습니다.

스님은 칠불사 밑의 범왕리 출신으로, 칠불사의 중창을 다짐하고 '문수보살' 정근을 하는 천일기도를 시작했습니다. 동시에 김해 김씨였던 스님은 '지리산 칠불 복구 위원회' 를 만들어 여러 곳을 다니며 권선을 했습니다. 그러나 뜻과 같이 복구에 필요한 돈은 모이지 않았습니다.

어느 날 쌍계사 주지인 고산(杲山)큰스님을 뵙고 자초지종을 말씀드렸더니, 큰스님은 뒷꼭지가 아플 정도로 호통을 쳤습니다.

"네 생전에는 아무리 해봐야 칠불을 복원 못한다. 승려가 승려의 할 일을 해야지, 천일기도 한답시고 종이쪽지에 권선문을 써서 다닌다고 누가 도와주느냐? 술은 사줄지언정 돈은 안 준다."

"그럼 어떻게 해야 합니까?"

"이놈아, 칠불은 문수보살님의 도량이다. 그 도량에 살면서 문수보살님과 같은 큰 어른을 모시고 있으면 '내가 불사하겠다'는 생각보다 '어른을 잘 모시겠다'는 생각을 해야 하지 않겠느냐?"

"예?"

통광스님은 크게 느끼는 바 있어 발원했습니다.

'문수보살님을 잘 모셔야 할 텐데 법당도 없고 집도 없습니다. 법당도 짓고 요사채도 선원도 지어야 어른을 잘 모실 텐데 저에게는 힘이 없습니다. 불보살님께서 도와 주시옵소서.'

특히 통광스님은 『대비심다라니경』에서 "『신묘장구대다라니』를 독송하면 현세에서 원하는 것을 다 이룬다."고 하는 구절을 보고 결심했습니다.

"3·7일(21일) 동안을 '나는 죽었다'는 각오로 기도하자."

모든 것을 불보살님께 맡기고 통광스님은 잠을 잘 생각도 밥을 먹을 생각도 잊고 신묘장구대다라니를 외웠습니다. 그렇게 열심히 기도하다가 잠깐 좌선을 한다고 앉았는데 비몽사몽간에 어디론가 가게 되었고 그곳에서 관세음보살님을 보게 되었습니다. 스님은 관세음보살님을 향해 자꾸자꾸 절을 하며 여쭈었습니다.

"관세음보살님이시여, 어떻게 하면 칠불암을 빨리 복원할 수 있겠습니까?"

묵묵히 스님을 바라보고 계시던 관세음보살님은 큼직한 열쇠 한 꾸러미를 쥐어주며 말했습니다.

"이 열쇠들을 줄 테니 네가 알아서 해라. 그러나 아무리 빨리 복원을 해도 10년은 넘게 걸릴 것이다."

그 일이 있은 후 칠불의 불사는 저절로 이루어졌습니다. 권선문을 가지고 가면 누구 할 것 없이 동참을 하였고, 많은 이들이 제 발로 칠불사로 찾아와 불사금을 보시했습니다. 그리고 행정당국에서도 물심양면으로 협조를 하였습니다.

마침내 통광스님은 문수전을 비롯하여 대웅전·선열당·벽안당·아자방·보설루·장격각·종루·대향적당을 일신 중창하여 대가람을 만들었으며, 유서 깊은 운상원(雲上院)까지 확장 재건하였습니다.

⚮

기도의 힘이란 참으로 큽니다. 단순한 나의 욕망성취가 아니라 불보살님을 잘 모시겠다는 원을 세우면 창건 및 중창불사를 비롯하여 어떠한 불사도 못 이룰 것이 없습니다.

하지만 또 한 가지 잊지 말아야 할 것이 있습니다. 바로 '중생감제불응(衆生感諸佛應)', 중생의 기도가 불보살님을 감동시킬 때 불보살님들이 중생의 원에 응해준다는 것입니다.

부디 이를 잊지 말고, 원을 잘 세워 간절하게 기도하십시오. 틀림없이 원을 성취할 수 있습니다.

대다라니 기도로 완치한 소아마비

중국 진나라의 홍만스님은 어려서 소아마비에 걸려 두 다리를 못 쓰는 폐인이 되었습니다. 부모님과 형제들은 폐인처럼 된 자식과 동생을 불쌍하게만 여겼을 뿐, 감히 고쳐볼 생각조차 하지 못했습니다.

어느 날, 한 스님이 탁발을 나왔다가 아이의 딱한 사정을 접하고는 대비주인 신묘장구대다라니를 읽어보라고 권했습니다. 그날부터 홍만은 3년 동안 불철주야 신묘장구대다라니를 독송했습니다.

어느 날 밤, 홍만은 약병을 손에 든 스님 한 분이 서 있는 것을 보고 깜짝 놀라 물었습니다.

"스님, 어디서 오셨습니까?"

"네가 항상 정성스럽게 신묘장구대다라니를 외우기에 약을 가지고 왔다. 어디 아픈 다리를 보여다오. 내가 치료해 주리라."

홍만은 너무나 기뻐 두 다리를 내 놓았고, 스님은 두 무릎 위에서 두 개의 못을 빼내더니 약병을 기울여 약을 발라 주었습니다.

'아, 너무나 시원하구나.'

홍만은 다리에 생기가 차오르는 것을 느끼면서 한참

동안 누워 있다가 깨어보니 꿈이었습니다. 너무나 신기한 꿈인지라, 일어나 두 다리를 만져보고 걸어보았는데 보통사람과 다름없이 잘 걸을 수가 있었습니다.

"아, 관세음보살님. 감사합니다. 감사합니다. 정말 감사합니다. 앞으로 저는 출가하여 부처님과 관세음보살님을 모시고 살겠습니다."

마침내 출가한 홍만스님은 신묘장구대다라니 기도를 계속하였고 후에 '대비보살'의 칭호를 받을 만큼 여러 가지 기적을 일으키며 중생들을 제도하였다고 합니다.

불구의 다리를 고친 화엄스님

김해 동림사(東林寺)에 주석하시던 화엄(華嚴 : 1925~2004) 스님은 동산(東山)큰스님의 제자로서, 특별한 출가 인연을 가지고 있습니다.

1925년생인 화엄스님은 1944년 일본 오사카에서 대판 의전 의과대학에 다닐 때, 학도병에 뽑혀 남양군도로 끌려갔습니다.

그곳에서 미군들과 전투를 치르던 어느 날, 갑자기 공중에서 포탄이 떨어져 수십 개의 파편이 다리 속으로 박히는 심한 부상을 입었습니다. 그는 곧바로 병원으로 실려 갔고, 파편 제거수술을 받아 겉으로 보기에는 조금도 이상한 곳이 없었습니다.

그런데 다리가 항상 저리고 아파서 올바로 걸을 수 없었기 때문에 절뚝절뚝 절게 되었습니다. 이 부상 때문에 제대를 하여 고향으로 돌아오기는 했지만, 영영 불구자가 되고 만 것입니다. 또 엎친 데 덮친다고, 때마침 그와 사귀던 여인마저 기숙사에 불이 나서 타죽고 말았습니다.

몸도 좋지 않은 데다 마음의 상처까지 받은 그는 수양을 하기 위해 범어사 미륵암으로 들어갔고, 그곳 스님들은 그에게 '천수대비주를 외우면 다리가 나을 수 있을 것'이라며 외울 것을 권하였습니다. 처음 심심풀이 삼아 신묘장구대다라니를 읽던 그는 차츰 관세음보살에 대한 믿음이 깊어졌고, 나중에는 일구월심 신묘장구대다라니를 외웠습니다. 그런데 6개월이 되자 천문과 지리에 대해서 알게 되고 8개월이 되자 수천 리 밖이 보이는 것이었습니다.

하지만 그와 같은 능력에 끌려가지 않고 다라니를 계속 외웠더니, 어느 날 비몽사몽간에 법당의 신중탱화 속에서 신중 한 분이 튀어나오더니 대뜸 욕부터 하는 것이었습니다.

"에잇, 지지리도 쓸모없는 놈! 의사란 놈이 다리를 절뚝절뚝 절고 다녀? 이리 와!"

강압적으로 팔을 잡아당긴 신장은 넓적하게 생긴 칼로 파편이 박힌 다리를 도려내는 것이었습니다.

"아이구 아야!"

너무나 아파 고함을 지르며 깨어났고, 깨고 보니 꿈인데 법당 바닥에 살 속 깊이 박혀 있었던 파편이 떨어져 있었습니다. 그는 법당 안을 한 바퀴 돌아보았고, 묘하게도 그토록 아프고 저렸던 다리가 멀쩡하게 나아 있었습니다. 그전까지 신비한 경계를 대할 때까지는 없던 다른 무엇이 가슴을 확 내리쳤습니다.

'신묘장구대다라니를 외웠는데 내 다리가 낫다니! 의학을 전공한 나의 상식으로는 도저히 믿어지지가 않는 일이다. 인간의 의술이란 대의왕(大醫王)이신 불보살의 능력에 비한다면 태양 앞의 반딧불과 같은 것! 반딧불 같은 기술을 지닌 의사가 되어 무엇하랴. 정녕 출가하여 부처님의 제자가 됨이 옳으리라.'

이렇게 생각한 그는 동산스님의 제자가 되어 '화엄'이라는 법명을 받았고, 20여 년 동안 전국의 선방에서 수행하다가 범어사 주지·김해 동림사 조실로 있으면서 많은 불자들을 교화하다가 2004년 11월 10일 81세로 입적하셨습니다.

ई

홍만스님과 화엄스님의 영험담처럼 신묘장구대다라니의 가피력은 참으로 대단합니다. 소아마비 등 불구의 다리를 치유함은 물론이요, 어떠한 병이라도 능히 고칠 수 있습니다. 그러므로 지극한 마음으로 대다라니 기도를 하십시오. 제대로만 하면 반드시 감응이 있기 마련입니다. 실로 대다라니 기도의 영험담 중 가장 많은 것은 병을 고친 이야기입니다.

그런데 누가 그 열쇠를 쥐고 있는가? 바로 우리가 쥐고 있습니다. 바로 우리가 어떻게 하느냐에 달려 있는 것입니다. 부디 마음을 모아 신묘장구대다라니 기도를 해보십시오. 틀림없이 불보살이나 호법신장의 자비가 우리와 함께 하게 될 것입니다.

2. 영가장애와 신묘장구 기도

오랜 원혼귀를 천도한 진하스님

다음의 이야기는 속리산 법주사에 실제했던 일로, 대은 (大隱 : 1899~1989)스님의 젊은 시절에 진하(震河 : 1861~1926) 스님께서 직접 들려주신 이야기입니다.

1800년대 초에 한 궁녀가 법주사로 왔다가 잘생긴 비구스님을 보고 한눈에 반하여 짝사랑을 하였습니다. 하지만 궁녀와 스님이라는 신분 때문에 혼자서 고민만 하다가, 밤중에 방으로 찾아가서 스님의 품으로 뛰어들어 유혹을 하였습니다.

"청정비구가 어찌 여인네와 사랑을 나눌 수 있단 말이오? 썩 물러가시오."

스님의 단호한 거절에 가슴이 산산이 찢어진 여인은 한을 품고 나무에 목을 매달아 자살을 하고 말았습니다.

원혼귀가 된 그녀는 매일 밤마다 스님을 찾아갔고, 얼마 뒤 스님은 온 몸이 노랗게 되는 황열병에 걸려 죽고 말았습니다.

하지만 원혼귀는 법주사를 떠나지 않았습니다. 그 뒤로도 얼굴이 잘생긴 젊은 승려가 오기만 하면 노랗게 뜨는 황열병에 걸려 죽게 만들었습니다. 약 백년 가까이 법주사 승려들은 황열병에 걸려 죽는 공포에 떨었고, 이것을 막기 위하여 1년에 한 번씩 각시와 총각놀음의 연극과 함께 큰 재를 베풀었지만 뚜렷한 효험은 없었습니다.

1911년, 당대의 대강사로 유명한 서진하(徐震河)스님이 금강산 신계사에서 속리산 법주사 주지로 옮겨왔습니다. 어느 날 스님이 경을 보고 있었는데, 비몽사몽간에 젊은 여인이 가슴을 파고들며 속삭였습니다.

"스님과 한 몸이 되고 싶습니다. 저의 원을 풀어주세요."

'이상하다. 왜 이런 꿈을 꾸었지?'

그 여인은 비몽사몽간에 여러 차례 찾아들었고, 스님의 얼굴은 차츰 외꽃이 핀 듯이 노래지기 시작하더니 맥을 출 수가 없었습니다.

'아하, 여인의 이와 같은 장난 때문에 스님들이 황열병에 걸려 죽은 것이로구나.'

진하스님은 곧바로 대웅전으로 나아가 신묘장구대다

라니를 외웠습니다. 잠자고 먹는 시간 외에는 끊임없이 신묘장구대다라니를 외웠고, 그렇게 삼칠일(21일)이 경과하자 그 원혼귀가 말했습니다.

"스님, 저는 떠나갑니다. 그 동안의 허물을 용서하소서."

여귀가 떨어져 나갔고, 스님의 몸은 저절로 완쾌되었으며, 그날 이후로 법주사에는 황열병이 완전히 사라졌다고 합니다.

ह

한을 품고 죽은 원혼귀의 보복은 참으로 무섭습니다. 이 이야기에서처럼 황열병에 걸려 죽은 까닭이 무엇인지조차 모르게 되면 속수무책으로 당하게 됩니다.

다행히 그 귀신이 도력있는 진하스님께로 다가왔기에 스님은 그 까닭이 한맺혀 죽은 원혼귀때문임을 알아차렸고, 곧바로 법당으로 나아가 신묘장구대다라니 21일기도를 행함으로써 원혼귀를 천도할 수 있었습니다.

인생을 살다보면 정말 까닭을 알 수 없는 장애가 찾아드는 경우가 많습니다. 바로 그러한 때에 포기하지 말고 신묘장구 기도를 열심히 해보십시오. 만약 그 까닭이 영가 때문이라면 천수관음의 가피로 그 영가는 천도가 될 것이요, 보이지 않는 지난 세상의 업 때문이라면 그 업들이 녹아내려 모든 장애가 사라질 것입니다.

영가의 보복이라 느껴지면 기도하라

대한불교조계종의 총무원장을 두 차례 역임한 영암(映巖 : 1907~1987)스님은 20대 후반에 오대산 적멸보궁에서 백일기도를 하였습니다. 스님은 상원사의 노전에 기숙을 하면서 매일 마지를 지어 산길로 2㎞ 밖에 있는 적멸보궁으로 올라가 공양을 올리고 정진하였습니다.

그런데 스님이 기거했던 노전방에는 망자亡者의 위패를 종이로 만들어 모셔온 것이 많이 있었는데, 어느 날 피로에 지쳐 험하게 잠을 자다가 영단을 발로 차버렸고, 영단이 무너지면서 위패들이 떨어져 뒹굴었습니다.

그 다음 날 영암스님은 열이 40도나 오르고 너무나 춥고 떨려서 견딜 수가 없었습니다. 마치 학질에 걸린 듯하였습니다. 대개 학질은 오후에 시작하는 법인데, 이번 학질은 오전부터 춥고 떨려서 견딜 수가 없었습니다.

'아, 기도를 하다가 이 무슨 장애란 말인가? 내가 영단을 고의로 무너뜨린 것도 아닌데…. 기도를 중단하고 병원으로 가야하는가? 아니다. 기도를 멈추어서는 안 된다. 더욱이 이것은 학질이라기보다 영가의 보복이 틀림없음이니….'

이렇게 판단한 스님은 죽을힘을 다하여 적멸보궁으로

올라가서 이를 악물고 신묘장구대다라니 1080편을 외웠습니다. 그야말로 죽을 각오로 하루 종일 외웠더니 씻은 듯이 학질이 떨어지고 완쾌하여 백일기도를 장애 없이 잘 마쳤다고 합니다.

8

노한 영가의 보복은 생각 이상으로 강합니다. 영가는 큰 병을 주거나 각종 장애를 일으켜 사람들을 힘들게 만듭니다. 그러나 어지간한 영가의 보복은 신묘장구대다라니로 치유할 수 있습니다. 특히 1080편 용맹정진이면 능히 해결할 수 있으니, 꼭 참회하는 마음과 영가를 잘 천도해 주겠다는 자비심을 품고 기도하시기 바랍니다.

내가 불러들인 귀신의 천도

덕숭산으로 출가하여 오로지 참선공부에만 몰두한 스님이 있었습니다. 스님은 여러 선방을 찾아다니며 열심히 정진하였습니다. 그러나 참선공부는 쉽게 이루어지지 않았고, 세월이 흐르자 조급증과 답답함을 떨쳐버릴 수가 없었습니다. 마침내 스님은 지리산 피아골로 들어가 정진하다가, 마음이 답답할 때마다 밖을 향해 소리쳤습니다.

"어떤 귀신이라도 좋다. 이리 와서 붙어라. 처녀귀신 총각귀신, 아무 것이나 좋다. 와서 한번 붙어봐라."

스님은 귀신의 능력을 빌려 무엇이든 시원스럽게 알아보고 싶었던 것입니다. 그런데 이렇게 가끔씩 소리치기를 3개월가량 하였을 때, 섬뜩 무엇인가가 다가오는 듯 싶더니 6·25사변 때 죽은 여자 빨갱이 귀신이 붙고 말았습니다.

육신이 없는 영가는 남의 몸에 붙으면 그 몸을 자신의 몸으로 착각하기 마련인데, 그 여자 빨갱이 귀신도 스님의 몸을 자신의 것으로 삼아 낮이고 밤이고 스님을 부려먹기 시작했습니다. 신통한 능력이라도 얻어 볼까 하였던 스님의 본래 뜻과는 달리, 몸에 붙은 귀신은 끝없이 괴롭히기만 했습니다.

하루는 머리를 깎는 데 귀신이 재미를 느꼈는지 계속 종용하였습니다.

"야, 참 재미있네. 또 깎자."

이렇게 시작하면 귀신이 시키는 대로 하루에 열 번도 넘게 머리를 밀어야 했습니다. 머리카락도 없는 맨들한 머리에 물칠을 하여 밀고 또 밀고….

또 귀신이 가자고 하는 곳은 어디로든지 가야만 했고, 돌아오자고 하면 오지 않을 수 없었습니다. 한번은 지리 산에서 덕숭산까지 밤낮도 없이 며칠을 걸어갔다가 잠깐 앉아 보지도 못하고 그대로 돌아와야만 했습니다. 그야 말로 스님은 고단하여 살 수가 없을 지경에 이르렀습니 다.

또 빨갱이 귀신은 산속에 숨겨두었던 공산당의 전단을 파내어 산골 사람들에게 나누어주도록 하였으며, 때로는 마을로 내려가 공산당의 주체사상을 스님의 입을 빌어 선전하는 것이었습니다. 결국 스님은 여러 차례 파출소 로 잡혀가서 심한 문초를 당해야만 했습니다.

마침내 스님은 여자 빨갱이 귀신의 굴레에서 벗어나고 자 결심하여 몇몇 스님들께 구병시식(救病施食)을 청했습 니다. 그러나 귀신은 쉽게 떨어지지 않았고, 나중에는 나에게까지 귀신으로부터 벗어날 방법을 물어왔습니다.

"하루 종일 신묘장구대다라니를 죽어라고 외우시오. 마음의 긴장을 풀면 안 됩니다. 죽어라고 몰아붙여야지, 적당히 외우거나 주저주저하면 그 귀신도 면역이 생겨 절대로 떨어지지 않아요. 열심히 죽어라고 외우십시오."

그 스님은 그날부터 마지막 각오로 하루 종일 천수다라니를 외웠고, 며칠이 지나자 빨갱이 귀신은 차츰 애처로운 하소연을 늘어놓기 시작했습니다.

"스님이 그렇게 기도를 하니까 내가 자꾸 아파. 아파서 못 견디겠어. 스님, 그만 기도해."

"나는 스님하고 같이 살고 싶은데 왜 스님은 나를 미워하면서 자꾸 가라고 해? 나를 미워하지마. 나를 보내려고 하지마."

"스님, 나 어디 가서 누구와 살아야 해? 스님을 떠나면 어떻게 살아?"

이렇게 귀신은 스님의 동정심을 불러일으켜 '가지 말고 있으라'는 말이 나오도록 하려 했지만, 스님은 흔들림 없이 신묘장구대다라니를 외우자, 여자 빨갱이 귀신은 마침내 작별을 고했습니다.

"스님, 이제는 그만 가야 되겠어. 스님이 계속 기도를 하니 내 몸이 아파서 더 이상 견딜 수가 없어."

그리고는 지극히 정성스럽게 삼배를 올리며 한마디 축원을 남기고 떠나갔습니다.

"스님, 부디 공부 잘 하셔서 성불하십시오."

♂

지금은 어디에 있는지 연락조차 닿지 않는 이 스님의 체험담을 통하여 우리는 많은 것을 알 수 있습니다.

귀신을 부르고 귀신에 대해 많은 관심을 가지면 귀신이 찾아들게 된다는 것, 귀신은 사람의 몸을 자신의 몸으로 삼는다는 것, 귀신이 붙으면 본인의 의지와는 관계없이 움직이게 된다는 것, 스스로 불러들인 귀신이지만 내보내기는 쉽지 않다는 것, 신묘장구대다라니를 외우면 귀신이 스스로 견디지 못하여 떠나간다는 것 등입니다.

그러므로 어떻게 시작되었건 귀신의 장애를 겪고 있다면 스스로가 그 장애로부터 벗어나기 위한 기도를 해야 합니다. 그 기도법으로는 신묘장구대다라니 기도 외에도 광명진언 · 지장기도 등이 좋음을 밝혀둡니다.

애착 때문에 아들을 괴롭힌 어머니 영가

약 20년 전, 나의 생질의 남편 되는 생질서 원태에게 있었던 일입니다. 그는 아들 다섯, 딸 둘의 7남매를 둔 집안에서 넷째 아들로 태어났습니다. 아버지는 복이 있고 덕이 있는 분이어서 온 마을 사람들의 존경을 받았고, 7남매인 아들딸과 사위 며느리 어느 누구도 아버지의 말씀을 거스르거나 '못합니다, 싫어요, 안 됩니다' 라는 반항 한마디 없이 순탄하게 살았습니다.

그런데 아버지가 돌아가시자 어머니는 시어머니의 권위를 내세우며 며느리들을 자주 나무랐습니다. 처음 어머니는 맏아들과 살았는데, 날이 갈수록 맏며느리와 자주 부딪혔고, 마침내는 맏아들과 등을 돌리게 되었습니다. 어머니는 욕을 하며 큰아들의 집을 나왔습니다.

둘째 아들의 집으로 거처를 옮긴 어머니는 또 다시 둘째 며느리와 부딪히면서 둘째 아들과 등을 돌렸으며, 셋째 아들집에서 또한 셋째 며느리와 부딪히면서 셋째 아들과 등을 돌렸습니다.

결국 어머니는 넷째 아들인 원태의 집을 찾았습니다. 어머니가 무엇을 어떻게 하든 "안 됩니다, 못합니다."라는 말은 하지 않고, "예. 해보겠습니다. 그렇게 하지요."

라고만 하는 착한 넷째 아들만은 자신의 마음을 아프게 하지 않을 것으로 여겼던 것입니다.

그 당시, 넷째 아들 원태의 사정은 매우 좋지 않았습니다. 아버지가 돌아가신 후 B형 간염에 걸려 3년 동안 서울의 신촌 세브란스병원에 입원하여 치료를 받다보니 직장을 다니며 저금했던 돈은 물론, 전세금까지 모두 날렸습니다.

그런데 집도 돈도 기운도 없는 원태로서는 살아갈 길이 막막하던 바로 이러한 원태의 집에 어머니가 온 것입니다. 어머니는 이러한 아들 곁에 살면서 늘 생각했습니다.

"아이고, 저 착한 것이 아프다고 하는데, 내가 만져줘야 할 건데…. 저 어질고 착한 것이 아프다는데, 내가 만져줘야지…."

바로 이것이 문제였습니다. 이것이 재앙의 원인이 된다는 것을 알지 못했습니다. 얼마 뒤 어머니는 외딴 집에서 넷째 아들이 지켜보는 가운데 숨을 거두었고, 가족들은 초상을 치렀습니다.

초상을 치른 지 7일째 되는 날부터 밤만 되면 원태는 칼로 오장육부를 찢는 것과 같은 고통 속에서 앉지도 눕지도 못하고, 두 손과 두 무릎으로 방바닥을 기어 다니며

벌벌벌벌 떨었습니다.

　더욱이 그 병은 참으로 이상하게 발작을 하였습니다. 낮에는 별로 아프지 않다가 초저녁부터 새벽까지의 밤에는 말할 수 없이 고통스러웠고, 그것도 1시간에 30분 정도씩, 머리가 아프고 오장육부가 아파 온 방을 기어 다니다가 30분가량은 수그러들고, 30분은 발작을 하고 또 수그러지는 등, 밤이 새도록 시간대마다 30분가량의 극심한 고통이 찾아오는 것이었습니다. 그러다가 날이 새면 파김치가 되어 곯아 떨어졌습니다.

　그 고통은 어머니의 49재를 마친 뒤까지 계속되었습니다. 이 사실도 원태의 누나인 비구니가 알게 되었고, 어디 가서 물어보니 '7일 동안 기도를 해주고, 산소에 가서 시식(施食)을 해주면 괜찮겠다'는 것이었습니다. 스님은 다른 비구니 스님 한 분과 함께 7일 동안 열심히 기도를 하고 산소가 있는 성주로 갔습니다. 그날 밤 피곤에 지친 두 스님은 잠에 떨어졌는데, 함께 기도를 한 비구니 스님이 꿈을 꾸었습니다.

　하얀 옷을 입은 할머니가 아들의 방문 앞에 서서 이름을 부르며 애절히 호소하는 것이었습니다.

　"원태야, 원태야. 방문을 열어라. 내가 너를 만져주려고 하는데, 왜 방문을 걸어놓고 못 들어오게 하느냐? 네가 정히 문을 걸어놓고 못 들어오게 하겠다면 하는 수가 없다. 나는 문턱 밑을 파고 구들 밑을 파고 들어가서라도 너를 만져주어야 한다."

말이 끝나기가 무섭게 할머니는 맨 손으로 문턱 밑을 파기 시작했습니다. 얼마 지나지 않아 열 손가락이 터져 피가 흐르는데도 할머니는 이를 악물고 파란 독기를 뿜어내며 계속 문턱 밑을 파내려갔습니다. 그 모습이 얼마나 무서웠던지 비구니 스님은 한밤중에 집안의 모든 사람을 깨워 이야기를 하였습니다.

"할머니는 아직도 떠나지 않으셨습니다. 아들이 그 집에 있으면 계속 해를 입을 것이니 당장 떠나도록 하고, 죽은 할머니에 대한 대책은 따로 세우도록 합시다."

그 말에 따라, 날이 새기가 무섭게 생질녀와 생질서인 원태가 나를 찾아와 방법을 물었습니다.

"너희 부부는 어떤 일이 있어도 하루에 천수다라니 21편, 금강경 1편을 꼭 읽도록 하여라. 하루라도 그냥 넘어가서는 절대로 안 된다."

그 뒤 부부가 꾸준히 기도하자 원태는 고통을 겪지 않아도 되었고, 그들 내외는 꿈에서도 어머니의 모습을 보지 않게 되었습니다. 그런데 원태의 손위 형님이나 형수들의 꿈에는 어머니가 자주 나타나 하소연을 했습니다.

"원태 내외가 왜 방문을 걸어놓고 나를 못 들어오게 하는지 모르겠다. 너희들이 원태를 만나거든 방문을 열어 내가 들어갈 수 있도록 하라고 일러라."

많은 것은 아니지만 꾸준한 기도의 힘에 의해 어머니가 접근을 못하고 꿈에도 나타나지 않게 된 것입니다. 그리고 금강경과 신묘장구대다라니 기도를 한 지 1년 가까이 지났을 때 가족들의 꿈에도 어머니는 다시 나타나지 않았습니다.

ε

이 이야기에서처럼, 애착이 강한 사람이 죽어서도 애착을 버리지 못해 좋은 곳으로 가지 못하게 되면, 사랑하는 가족들이 오히려 너무나 힘든 고통을 받게 된다는 것을 우리에게 일러주고 있습니다.

이러한 경우를 당하였을 때, 신묘장구대다라니를 21편 이상씩 외우면서 '좋은 세상에 태어날 것'을 축원해주면, 천수천안관세음보살님과 신중들의 위신력으로 능히 천도를 이루고 새로운 생을 받을 수 있게 됩니다.

부디 신묘장구대다라니 기도를 통하여 나에게 장애를 안겨주는 영가만이 아니라, 부모님 등의 은혜로운 사람들을 잘 천도해주기를 축원드립니다.

3. 대다라니 기도로 도를 이룬 스님들

천수주력으로 도를 성취한 수월스님

수월(水月 : 1855~1928)스님은 충남 홍성에서 태어났는데 아버지 어머니가 모두 세 살 안에 돌아가셔서 외삼촌 집에 의지하여 살았습니다.

모두가 가난했던 조선시대 말기에 내 가족들도 못 먹여 살리는 형편이었으므로 외삼촌은 부담도 되고 힘도 들어 생질을 머슴처럼 부렸습니다. 20세가 넘어가면서 스님은 동네 사람들이 남녀 할 것 없이 모두 결혼을 하고 아이를 업고 다니는 것을 보고 생각했습니다.

'이렇게 사느니 산골로 들어가 중노릇을 하며 살리라.'

결심을 한 그는 서산 천장사(天藏寺)로 출가하여 성원(性圓)스님의 제자가 되었지만, 배우지 못한데다 머리까지 둔하여 불경을 배워도 쉽게 이해하지를 못했습니다.

성원스님이 예불문을 일러주면서 '따라 읽어라'고 하면 따라 읽었지만, '혼자서 읽어보라'고 하면 한구절도 못 외우는 것이었습니다. 몇 번을 그렇게 해보다가 은사 성원스님은 글을 가르치는 것은 포기하였고, 불공이라도 올릴 수 있도록 하기 위해 신묘장구대다라니를 가르쳤습니다. 하지만 442자의 대다라니를 가끔씩 음으로만 듣고 완전히 외우는 데는 무려 6개월이나 걸렸습니다.

이후부터 수월스님은 땔나무를 해오는 부목(負木), 밥을 짓는 공양주(供養主) 등의 소임을 맡으면서 성심성의를 다해 신묘장구대다라니를 외웠습니다. 산에 나무를 하러 가서도 외우고, 채마밭을 가꾸면서도 외우고, 불을 지피면서도 외우고, 공양 준비를 하면서도 외웠습니다. 늘 신묘장구대다라니를 흥얼거리며 다닌 것입니다.

그러기를 3년, 어느 날 은사 성원스님이 법당에서 불공을 드리다가 마지 오기를 기다리고 있는데, 당연히 제시간에 와야 할 마지는 한참이 지나도 오지 않고 밥 타는 냄새만 절 안에 진동하는 것이었습니다. 이상하게 여겨 부엌으로 찾아간 성원스님은 예상 밖의 광경을 목격하게 되었습니다.

수월스님이 신묘장구대다라니를 외우면서 계속 아궁이에 장작을 넣고 있는 것이었습니다. 밥이 까맣게 탄 것이 문제가 아니라, 솥이 벌겋게 달아 곧 불이 날 지경이었습니다. 그야말로 무아지경 속에서 대다라니를 외우고 있었던 것입니다. 이를 본 성원스님은 수월스님에게 방을 하나 내어 주며 말했습니다.

"오늘부터 너에게 이 방을 줄 터이니, 마음껏 대다라니를 외워 보아라. 배가 고프면 나와서 밥을 먹고 잠이 오면 마음대로 자거라. 나무하고 밥 짓는 일은 내가 알아서 처리할 테니…."

'감사하다'는 말 한마디를 남긴 수월스님은, 가마니 하나를 들고 방으로 들어가서 문짝에 달았습니다. 빛이 안으로 들어오지 못하도록 한 것입니다.

스님은 신묘장구대다라니를 외우기 시작했습니다. 방 밖으로는 밤낮없이 대다라니를 외우는 소리가 울려 나왔을 뿐, 물 한 모금 마시러 나오는 일도 없고 화장실 가는 일도 없었습니다.

그리고는 8일째 새벽, 성원스님이 예불을 마치고 방을 들어가려는데 그 소리가 딱 그쳤습니다. 그때 수월스님이 방을 뛰쳐나오며 소리쳤습니다.

"스님, 스님! 이겼어요, 이겼어요."

"뭐라고 했느냐?"

"스님, 제가 이겼어요. 잠 귀신이 '너한테 붙어 있다가는 본전 못 찾겠다'고 하면서 멀리 가버렸어요. 잠 귀신이 도망갔어요. 스님, 제가 이겼어요."

은사스님은 수월스님이 기도를 하다가 미친 것이라 생각하고 호된 꾸중을 하였습니다. 그러자 수월스님이 질문을 던졌습니다.

"관세음보살께서 합장을 하고 서 있는 뜻이 무엇입니까?"

"나는 그걸 모른다."

"어딜 가야 답을 들을 수 있습니까?"

"동학사에 가면 경허(鏡虛) 사숙님이 계신다. 그 스님께 여쭈어 보아라."

수월스님은 서산의 천장암에서 동학사까지 걸어가 경허스님의 방문을 열고는 여쭈었습니다.

"관세음보살께서 합장을 하고 서 있는 뜻이 무엇입니까?"

경허스님이 답을 해주시는데 뜻이 서로 상통하였고, 거기에서 수월스님은 깨달음을 얻었습니다.

이렇게 수월스님은 천수삼매(千手三昧)를 증득하여 무명(無明)을 깨뜨리고 깨달음을 얻었을 뿐 아니라, 불망념지(不忘念智)를 증득하게 되었습니다.

이전까지는 글을 몰라서 경전을 읽지도 못하고 신도들의 축원도 쓰지 못하였지만, 불망념지를 이룬 후부터는 어떤 경전을 놓고 뜻을 물어도 막힘이 없게 되었으며, 수

백 명의 축원자 이름도 귀로 한번 들으면 불공을 드릴 때 하나도 빠짐없이 외웠다고 합니다.

그리고 경허선사의 인가를 받은 뒤, 참선정진을 꾸준히 계속하였는데, '잠을 쫓았다'는 그 말씀대로 일평생 잠을 자지 않았다고 합니다.

이제 신묘장구대다라니를 외워 천수삼매를 이룬 수월스님의 대자비심을 증명하는 한 편의 일화를 소개하겠습니다.

수월스님은 말년에 만주 땅으로 옮겨 갔습니다. 만주 땅에는 마적이나 비적들이 많았으므로 주민들은 몸집이 크고 용맹스러운 만주개를 키워 도둑들로부터 자신을 보호하였습니다.

만주개는 마을 사람은 절대로 물지 않지만, 밤에 마을로 숨어들어오는 사람이 있으면 떼로 덤벼들어 여지없이 물어 죽였습니다. 날쌔고 용맹스럽고 한번 물면 결코 놓지 않는 만주개 때문에 총을 가진 마적떼들도 밤에는 마을을 약탈하지 못했다고 합니다.

가을의 어느 날 밤, 수월스님은 만주의 '왕청'이라는 마을 입구에 이르렀고, 순간 거리에 나와 마을을 지키고 있던 만주개 한 마리가 길게 울부짖었습니다. 그러자 집집마다 묶여 있던 개들이 기다렸다는 듯이 짖어대기 시작했습니다. 침략자가 나타난 것으로 생각한 마을 사람들이 개들을 풀자, 개들은 한 방향으로 쏜살같이 달려나갔습니다.

개들의 울음소리는 동구 밖에서 멈추었고, 마을 사람들은 마적과 개들이 대치 상태에 들어간 것으로 생각했습니다. 그러나 시간이 흘러도 동구 밖은 조용하기만 했습니다. 총소리도 비명소리도 들려오지 않았습니다.

괴이하게 여긴 마을 사람들이 무기를 움켜쥐고 동구 밖으로 나갔을 때, 참으로 믿어지지 않는 광경이 목격되었습니다.

동구 밖 큰길가에 승복을 입은 노스님이 가느다란 지팡이에 몸을 기대어 서 있고, 그 앞에 미친 듯이 몰려 나갔던 수십 마리의 개들이 무릎을 꿇고 조용히 앉아 있는 것이었습니다.

그날 밤 이후에도 만주 개들은 수월스님을 만나면 한결같이 그날과 같은 태도로 반겼다고 합니다. 만주 개만이 아닙니다. 수월스님이 손을 내밀면 까치도 앞을 다투어 내려앉았고, 산에 들어가면 노루·토끼들도 모여 들었으며, 호랑이까지도 자주 스님을 찾아와 한껏 머물다가 돌아갔다고 합니다.

༄

어떻게 이와 같은 일이 가능한 것인가? 수월스님께서 신묘장구대다라니를 외우는 관음기도를 통하여, 내부의 탐욕과 분노를 완전히 벗어버린 대자비의 몸이 되었기 때문입니다. 그 자비심 아래 그토록 사납다는 만주개들은 꿇어 엎드리지 않을 수 없었고, 자연 속의 짐승들이 함께 했던 것입니다.

우리 불자들도 신묘장구대다라니를 외우며 수월스님과 같은 대자비심을 길러야 합니다. 입으로만 대다라니를 염할 것이 아니라, 관세음보살님의 대자비를 마음으로 생각하여 그 자비심을 '나'의 것으로 만들어야 합니다.

우리가 대다라니를 염하여 자비를 가득 품을 때, 탐욕과 분노와 이기심은 자취 없이 사라지고 일체의 적은 벗으로 돌아섭니다. 크고 작던 적들이 벗으로 바뀐 그곳! 그 자리가 바로 불국토요 지극한 행복의 나라인 극락인 것입니다.

말년을 만주땅에 머물면서 오고 가는 길손들에게 짚신과 음식을 제공하며 보살행을 실천했던 수월스님! 오늘날까지 자비보살이요 숨은 도인으로 추앙받고 있는 수월스님의 도력은 신묘장구대다라니 기도에서 비롯되었다는 것을 기억하시기 바랍니다.

견성의 기틀을 마련한 백용성 스님

3·1운동 당시 33인의 한 사람이었던 백용성(白龍城 : 1864~1940)스님도 신묘장구대다라니를 외워 큰 경지를 이룬 고승입니다.

유교 집안에서 태어난 스님이 불교와 첫 인연을 맺은 것은 1877년 14세 때의 일입니다. 꿈속에서 부처님의 수기(授記)를 받고 불경을 보기 시작하였고, 남원 덕밀암(德密庵)으로 출가하였으나 부모님의 강한 만류로 집에 돌아와야 했습니다.

그후 2년이 지난 16세 때 해인사로 찾아가 화월(華月) 스님을 은사로 모시고 정식으로 출가하였으며, 17세 때 의성 고운사의 수월스님을 찾아가서 소년답지 않은 질문을 던졌습니다.

"나고 죽음은 인생에 있어 가장 큰 일입니다. 모든 것은 무상하여 날로 변합니다. 어떻게 해야 생사도 없고 변하지도 않는 '나'의 성품을 볼 수 있습니까?"

그러나 수월스님은 이 질문에 대한 답을 하지 않고, 먼저 신묘장구대다라니를 외울 것을 권했습니다.

"지금은 숙업(宿業)이 무겁고 장애가 많아 견성법(見性法)을 너에게 일러주어도 제대로 이해할 수가 없다. 신묘장구대다라니를 부지런히 외우면 업장도 소멸되고 마음도 맑아져서 저절로 길을 알 수 있게 될 것이다. 얼마 동안은 아무 생각 말고 대비주만 외우도록 하여라."

수월스님의 가르침에 따라 스님은 신묘장구대다라니를 10만 번 외우기로 스스로 다짐했습니다. 9개월에 걸쳐 대다라니를 10만번 외워 마쳤을 때, 스님은 양주 보광사 도솔암(兜率庵)에 머물러 있었습니다. 그런데 불현 듯이 한 가지 의문이 솟아오르는 것이었습니다.

"산하대지와 삼라만상에는 모두 근원이 있다. 그렇다면 사람의 근원은 무엇인가? 보고 듣고 깨닫고 아는 근원은 어디에 있으며 어디에서 오는 것인가?"

이 의문을 일념으로 생각한 지 엿새가 되었을 때, 마치 깜깜한 방에 등불이 밝혀지듯 그 근원을 확연히 알 수 있게 되었습니다.

그 뒤 용성스님은 '무(無)' 자 화두를 꾸준히 참구하여 확철대오(廓徹大悟)하였으며, 일제의 대처불교에 대응하여 대각교운동(大覺敎運動)을 전개하고 역경 사업에도 크게 공헌하였습니다.

♀

우리는 스님의 깨달음과 모든 활동에 10만 독(讀)의 신묘장구대다라니가 힘의 원천을 이루고 있다는 사실에 주

목을 해야 합니다.

신묘장구는 훌륭한 대자대비의 주문으로 그 능력과 가
피력은 참으로 큽니다. 그래서 『대비심다라니경』에서는
이 신주의 이름이 여러 가지라 하고 있습니다.

곧

① 넓고 크고 둥글어서 포용하지 못함이 없는 광대원
   만다라니(廣大圓滿陀羅尼)요

② 사랑을 걸림 없고 조건 없이 베푸는 무애대비다라
   니(無碍大悲陀羅尼)요

③ 크고 작은 모든 고통을 없애주는 구고다라니(救苦陀
   羅尼)요

④ 병을 고쳐주고 수명을 연장해주는 연수다라니(延壽
   陀羅尼)요

⑤ 삼독심이 만들어낸 지옥·아귀·축생 등의 세계로
   나아가는 것을 막는 멸악취다라니(滅惡趣陀羅尼)요

⑥ 나쁜 업장들을 남김없이 소멸시키는 파악업장다라
   니(破惡業障陀羅尼)요

⑦ 심중소원을 만족하게 성취시켜주는 만원다라니(滿
   圓陀羅尼)요

⑧ 내 마음을 내 마음대로 자유자재롭게 할 수 있는 수
   심자재다라니(隨心自在陀羅尼)요

⑨ 낮은 수행의 경지에서 높은 수행의 경지로 단박에 빨리 뛰어오를 수 있도록 해주기 때문에 속초상지자재다라니(速超上地自在陀羅尼)라 한 것입니다.

신묘장구대다라니까지 합하면 10가지 이름을 갖추었으니, 이토록 좋은 다라니를 어찌 마다할 것입니까? 신묘장구대다라니를 염하십시오. 특히 지금 불법의 문턱에 들어선 사람은 한 차례 대다라니 기도를 할 필요가 있습니다. 스스로 마음을 정하여 열심히 기도하기를 당부드립니다.

숭산스님의 대다라니 백일 정진과 깨달음

　한국선불교를 세계에 널리 선양한 숭산(崇山 : 1927~2004) 스님은 1947년 10월에 계를 받아 출가를 한 다음, 콩과 솔잎을 말려 빻은 가루를 준비하여 원각산 부용암으로 들어가 백일기도를 시작했습니다. 생식을 하면서 매일 20시간동안 신묘장구대다라니 기도를 한 것입니다. 그러나 20시간씩의 백일기도는 만만치가 않았고, 때로는 깊은 회의에 빠지기도 하였습니다.

　'참선하여 깨치면 그뿐이라는데, 이런 기도가 무슨 소용이 있겠는가? 무엇하러 이토록 극심한 고생을 하는가? 대처승이 대부분인 요즘 시절, 산을 내려가 조그만 암자를 하나 얻어 결혼하고 단란한 가정을 꾸리고 천천히 도를 닦는 것도 좋지 않을까?'

　밤이면 이런 생각들이 너무 간절하여 떠나리라 결심하고 짐을 꾸렸습니다. 그러나 아침이 되면 다시 마음이 맑아져 기도를 계속하였는데, 이렇게 보따리를 싸고 풀기를 9번이나 하였습니다.

　50일이 지나자 기도에 대한 회의는 사라졌지만, 쇠약해져 기운이 하나도 없게 되었고, 매일 밤마다 무시무시한 환영이 보였습니다. 누군가가 어둠 속에 나타나 욕설을 하기도 하고, 유령이 나타나 잡아먹을 듯이 달려들면서 날카로운 발톱으로 목을 할퀴는 듯하였습니다. 커다란 벌레들이 다닥다닥 다리에 붙어 피를 빠는 듯하였고, 호랑이와 용이 삼킬 듯 덤벼들어 온 몸을 얼어붙게 만들었습니다. 그야말로 두려움 때문에 법당 안으로 들어서는 것조차 두려운 상태가 20일 가까이 진행되었습니다.

그러나 이것으로 끝난 것이 아니었습니다. 무시무시한 환상에 이어 즐거운 환상이 나타나기 시작했습니다. 부처님이 나타나 경을 가르치시기도 하고 어떤 때는 아름다운 보살이 나타나 극락으로 갈 것이라 하였으며, 스님이 지쳐 잠깐 엎드려 있으면 관세음보살님이 나타나 잠을 깨워주기도 하였습니다.

80일이 지나자 힘이 솟구치는 것을 느낄 수 있었고, 백일기도가 끝나기 1주일 전에는 매우 기이한 일이 일어났습니다.

스님이 목탁을 두드리며 도량석을 돌고 있는데, 갑자기 열 살 남짓한 동자 둘이 나타나 절을 올리는데, 알록달록한 옷에 단아한 얼굴이 마치 하늘에서 내려온 듯한 모습이었습니다. 무척 놀란 스님은 생각했습니다.

'이제 내 마음이 굳세어지고 완전히 맑아졌다고 느꼈는데도 대체 어디서 이런 동자들이 나타난 것일까?'

두 동자는 좁은 산길을 걸어갈 때도 뒤따라왔는데, 스님이 바위틈새로 지나가면 동자들은 바위 속을 그냥 통과해 걷는 것이었습니다.

두 동자는 30분가량 조용히 뒤따라오다가 스님이 불단 앞에 다가가 절을 올릴 때가 되면 불단 뒤로 사라지는 것이었습니다. 이런 일이 7일 동안 계속되었습니다.

드디어 마지막 100일이 되어 암자 밖으로 나와 목탁을 두드리며 다라니를 외웠는데, 갑자기 스님 자신이 몸을 떠나 무한한 공간에 있다는 것을 느꼈습니다. 뿐만 아니라 저 먼 곳으로부터 들려오는 목탁 치는 소리와 스님 자신의 음성도 들을 수 있었습니다.

잠시 그 상태에 머물러 있다가 다시 자신의 몸으로 돌아온 스님은 깨달았습니다.

산과 바위와 숲과 강뿐만 아니라, 모든 것을 있는 그대로 볼 수 있고 들을 수 있으며, 이 모든 것이 나와 다른 개체가 아니라 참다운 자성이라는 것을 깨달았습니다.

૪

기도를 하다보면 사람에 따라 두려움에 떨게 만드는 포마(怖魔)가 찾아들기도 하고, 즐거움이 가득한 희마(喜魔), 슬프기 그지없는 비마(悲魔)가 찾아들기도 합니다. 포마가 찾아들면 공포 때문에 기도를 그만두려 하고, 희마가 찾아들면 가피를 입은듯하여 기도를 그만두려 하며, 비마가 찾아들면 울다가 정신줄을 놓아버리는 경우가 많습니다.

나도 이 체험들을 고루고루 다 겪었습니다. 하지만 염려할 일이 아닙니다. 꾸준히 계속하면 10~20일 이내에 모두 사라지는데, 바로 이것이 '업장 소멸되고 원결이 풀어지는 고비' 입니다.

그러므로 이러한 고비를 넘기면서 기도를 계속하면 숭산스님처럼 훌륭한 체험과 깨달음을 이룰 수 있습니다. 꼭 나타나는 경계에 지지 말고 계속 기도하시기 바랍니다.

4. 명훈가피 깊은 대다라니 기도

하루 7편의 독송으로 집안에 평화가

조선시대 말기, 효성(曉性)스님은 13세에 쌍계사로 출가하여 대웅전을 관장하는 노전(盧殿)스님의 상좌가 되었습니다.

전등을 밝히는 오늘날과는 달리 당시에는 저녁 예불이 끝난 다음부터 새벽 예불 때까지 법당 안에 등불을 밝혔습니다. 둥근 그릇 모양의 등잔에 참기름을 가득 붓고 종이 심지를 달아 밤마다 불을 밝히면 3일은 쓸 수가 있었습니다.

어느 해 가을, 법당 청소를 하다가 등잔을 살펴본 노전 스님은 참기름이 한 방울도 남아있지 않은 것을 발견하였습니다.

'분명히 어제 기름을 넣었는데 왜 한 방울도 없지?'

이상하게 생각하면서 노전스님은 기름을 채웠습니다. 그런데 이튿날 아침에 살펴보니 또 기름이 없었습니다. 등잔을 살펴보았으나 깨어진 흔적은커녕 구멍 하나 없었습니다. 괴이하게 여기며 스님은 또다시 등잔에 참기름을 채웠고, 그 이튿날도 똑같은 일이 일어나자 확신을 하게 되었습니다.

'누군가가 밤마다 등잔에 손을 대는 것이 틀림없구나.'

그날 밤 노전스님은 13세의 효성사미를 데리고 법당의 신중단 탁자 밑으로 들어가 밤을 새웠습니다. 탁자는 천으로 가리어져 있어 밖에서는 그 밑을 볼 수가 없었습니다.

탁자 밑에서 숨을 죽이고 있던 효성사미는 자기도 모르는 사이에 잠이 들었는데, 갑자기 은사스님의 고함소리가 들려왔습니다.

"이놈, 게 섯거라!"

깜짝 놀란 효성사미가 눈을 떠보니, 법당 가운데 문 앞에 키가 9척이나 되고 검은 옷을 입었는지 검은 털이 났는지 분간이 되지 않는 괴물이 서 있었습니다. 머리와 팔다리와 몸뚱이가 모두 있고 우뚝 서 있었지만, 사람은 아닌 듯하였습니다.

고함을 치며 신중단 탁자 밑을 나간 노전스님은 그에게 앉도록 한 다음 대화를 시작했습니다.

"사람이냐? 짐승이냐?"

"사람도 짐승도 아닙니다."

"그럼 무엇이냐?"

"목신(木神)입니다."

"목신이면서 어찌 감히 부처님 전에 올리는 등잔의 기름을 훔치는 것이냐? 그 과보가 얼마나 큰지를 모르느냐?"

"어찌 그것을 모르겠습니까? 하오나 피치 못할 사정이 있어 죄를 지을 수밖에 없습니다."

"무엇 때문이냐?"

"저는 이 절 밑의 화개마을 이판서댁 뒤뜰에 서 있는 은행나무입니다. 이제 나이가 많아 발등이 땅 밖으로 나와 있는데, 무식한 머슴들이 제 발등에 나무를 올려놓고 도끼질을 해서 장작을 팹니다. 판서댁에서 겨울 내내 쓸 장작을 여러 머슴들이 계속 준비하다보니, 제 발등의 이곳저곳은 온통 상처투성이가 되고 맙니다. 이 상처와 아픔을 달랠 약은 다른 곳에서 구할 수가 없습니다. 오직 부처님께 올리는 이 등잔의 기름을 발라야만 하룻밤 사이에 아픔이 사라지고 딱지가 앉습니다. 그런데 머슴놈들이 매일 장작을 패기 때문에 며칠 동안 계속 부처님의 기름을 바르지 않을 수 없었습니다. 이해해주십시오."

"그대가 진짜 목신이라면 인간보다는 힘이 셀 것이 아니오? 얼마든지 보복을 할 수 있을 텐데?"

"보복을 하는 것은 너무도 쉽습니다. 그러나 아직 그 집의 운이 다하지 않았는지, 이판서가 아침에 일어나 세수를 하고 나면 정좌를 하고 '신묘장구대다라니'를 21편씩 읽습니다. 그 힘 때문에 지기(地氣)를 비롯한 어떤 기운도 힘을 쓰지 못합니다. 하지만 여든이 넘은 이판서가 앞으로 얼마나 더 살겠습니까? 이판서가 죽고 나면 보복을 할 생각입니다."

"내가 가서 앞으로는 머슴들이 너의 발등 위에서 장작을 패는 일이 없도록 할 것이니, 보복을 할 생각을 하지 마시오."

"인간들이 해를 가하지 않으면 절대로 우리가 먼저 해치지 않습니다. 그렇게만 해주시면 그 이상 고마울 일이 있겠습니까?"

목신은 절을 한 다음 사라졌고, 노전스님은 날이 밝기가 바쁘게 이판서를 찾아가 자초지종을 이야기하였습니다. 깜짝 놀란 이판서는 머슴들을 불러 모아 땅 위로 노출된 은행나무의 뿌리를 부드러운 흙으로 덮도록 하고, 허리 높이 정도의 울타리를 만들어 누구도 나무에 접근을 하지 못하도록 하였습니다.

그리고 제사상을 차려 은행나무에 공양을 올렸습니다. 그 뒤 쌍계사 대웅전의 등잔 기름은 훼손당하는 일이 없었으며, 이판서의 댁은 늘 풍족하고 평화로웠다고 합니다.

❦

13세의 사미 시절에 이와 같은 일을 경험한 효성스님은 노년에 나를 비롯한 승려에게 이 이야기를 들려주셨습니다.

수백 년 된 목신은 힘이 없어 보복을 하지 못한 것이 아닙니다. 늙은 이판서가 날마다 외우는 신묘장구대다라니의 가피력 때문에 어떠한 보복도 하지 못한 것입니다. 하루도 거르지 않고 정성껏 신묘장구대다라니를 독송했기 때문에 관세음보살과 신장들의 가피를 입어, 어떠한 사기(邪氣)도 이판서의 집안을 범할 수 없었던 것입니다.

이것이 명훈가피(冥熏加被)입니다. 다시 한 번 음미해 보십시오.

이판서는 아주 특별한 신심을 갖춘 분이 아니었습니다. 신묘장구대다라니를 많이 외운 것도 아니었습니다. 매일 아침, 오직 21편만 외웠을 뿐입니다. 그런데도 목신은 '이판서가 살아있는 이상 절대로 보복을 못한다' 고

하였습니다. 이 얼마나 불가사의한 관세음보살님의 가피
입니까?

우리가 관세음보살님의 명훈가피를 입는 것은 결코 어
려운 일이 아닙니다. 하루에 21편의 신묘장구대다라니
독송을 통하여 능히 명훈가피를 입을 수 있습니다.

당부드리건대, 꾸준히 대다라니를 독송하거나 사경하
십시오. 꾸준하게만 하면 틀림없이 관세음보살님의 가피
를 입어 해침은 물론이요, 모든 재난이 저절로 피해가게
된다는 것을 꼭 기억하시기 바랍니다.

Ⅲ
천수천안관세음보살
광대원만무애대비심다라니경

김현준 번역

이 『무애대비심다라니경』은 신묘장구대다라니를 담고 있는 근본
경전으로, 신묘장구대다라니가 이 세상에 출현하게 된 인연에서부
터 대다라니를 외울 때 생겨나는 공덕과 가피, 기도를 할 때 꼭 새
겨야 할 점과 기도의 방법을 모두 담고 있습니다.
　그러므로 신묘장구대다라니 기도를 하면서 일주일 또는 보름에
한 번, 최소한 한 달에 한 번은 꼭 독송을 하고자 하십시오. 신심
이 생겨나고 대다라니 기도에 대한 열의와 기쁨이 더욱 커집니다.

千 手 千 眼 觀 世 音 菩 薩

천수천안관세음보살

廣 大 圓 滿 無 礙 大 悲 心 陀 羅 尼 經

광대원만무애대비심다라니경

이와 같이 나는 들었다.

어느 때 석가모니불께서는 관세음보살
의 궁전인 보타낙가산 보장엄도량(寶莊嚴道場)의 사
자좌에 앉으셨다. 그 사자좌는 수많은
마니보주로 장엄되었고, 백 가지 보배로
만든 당(幢)과 번(幡)이 겹겹이 연결되어 있었
다.

세존께서는 그 사자좌 위에서 총지다라^{總持陀羅}니^尼를 설하시기 위해 한량없는 보살대중과 함께 계셨으니, 그들의 이름은 총지^{總持}왕보살^{王菩薩} · 보왕보살^{寶王菩薩} · 약왕보살^{藥王菩薩} · 약상보^{藥上菩}살^薩 · 관세음보살^{觀世音菩薩} · 대세지보살^{大勢至菩薩} · 화엄보^{華嚴菩}살^薩 · 대장엄보살^{大莊嚴菩薩} · 보장보살^{寶藏菩薩} · 덕장보살^{德藏菩薩} · 금강장보살^{金剛藏菩薩} · 허공장보살^{虛空藏菩薩} · 미륵보살^{彌勒菩薩} · 보^普현보살^{賢菩薩} · 문수사리보살^{文殊師利菩薩} 등이었으며, 이들 보살대중은 모두가 관정^{灌頂}을 받은 대법왕^{大法王}자^子들이었다.

또 한량없이 많은 큰 성문승^{聲聞僧}들도 함께였으니, 모두가 아라한의 법을 행하는 이들이었으며, 십지^{十地}에 오른 마하가섭^{摩訶迦葉}이 그들의 우두머리였다.

또 한량없는 범천왕도 함께 하였으니 선타범마^{善咤梵摩}가 그 우두머리요, 한량없는 욕

146

계의 천자(天子)들도 함께 하였으니 구바가천(鳩婆伽)자가 우두머리였다.

또 한량없는 호세사천왕(護世四天王)도 함께 하였으니 제두뢰타가 우두머리요, 한량없는 천(天)·용(龍)·야차·건달바·아수라·가루라·긴나라·마후라가·인비인(人非人) 등도 함께 하였으니 천덕대용왕(天德大龍王)이 우두머리이며, 한량없는 욕계의 천녀들도 함께 하였으니 동목천녀(童目天女)가 우두머리였다.

또 한량없는 허공신(虛空神)·강해신(江海神)·천원신(泉源神)·하소신(河沼神)·약초신(藥草神)·수림신(樹林神)·사택신(舍宅神)·수신(水神)·화신(火神)·지신(地神)·풍신(風神)·토신(土神)·산신(山神)·석신(石神)·궁전신(宮殿神) 등의 신들이 모두 와서 모임에 참석하였다.

그때 관세음보살이 대중 속에 있으면서 은밀히 신통(神通)을 발하여 광명으로 시방의 국토들을 밝게 비추자, 삼천대천세계[三千大千世界] 모두가 금빛으로 바뀌었고, 천궁[天宮]·용궁[龍宮] 등 신들이 살고 있는 궁전이 모두 진동하였으며, 강·바다·철위산[鐵圍山]·수미산[須彌山]·토산[土山]·흑산[黑山] 또한 크게 진동하고, 해와 달과 별들도 모두 빛을 잃었다.

총지왕보살은 이렇듯 희유한 모습을 일찍이 보지 못하였던지라, 기이하게 여기고 자리에서 일어나 합장을 하고 부처님께 게송으로 여쭈었다.

이 신통은 누가 발한 것이옵니까
누가 오늘 큰 깨달음 이루셨기에
이와 같이 대광명을 두루 발하여
시방세계 모든 국토 금빛이 되고
대천세계 또한 금빛 되었나이까

148

누가 오늘   자재함을   얻으셨기에
정말 드문   대신력(大神力)을   펼쳤나이까
끝이 없는   불국토가   진동을 하니
신들마저   불안하게   느낄 뿐더러
그 누구의   힘인지를   알지 못하여
오늘 모인   대중 모두   의심합니다
부처인가   보살인가   큰 성문인가
범천인가   마왕인가   제석천인가
원하오니   자비하신   세존께서는
이 신통을   발한 까닭   설해 주소서

부처님께서 총지왕보살에게 이르셨다.
"선남자야, 마땅히 알아라. 지금 이 모
임 속에 무량겁 전에 대자대비를 성취하
고 한량없는 다라니문(陀羅尼門)을 잘 닦아 익힌
보살마하살이 있으니 그의 이름은 관세(觀世)

音自在
음자재요, 그가 모든 중생을 안락하게
만들고자 이와 같은 대신통력을 은밀히
발하였느니라."

  부처님께서 이렇게 설하시자, 관세음
보살이 자리에서 일어나 의복을 단정히
한 다음 합장하고 아뢰었다.
                    大 悲 心 陀 羅 尼 呪
  "세존이시여, 저에게 대비심다라니주
가 있어 지금 설하고자 하오니,
① 중생들을 안락하게 하기 위함이요
② 모든 병을 낫게 하기 위함이요
     壽 命
③ 긴 수명을 얻게 하기 위함이요
④ 풍요로움을 얻게 하기 위함이요
⑤ 모든 악업과 중죄를 없애기 위함이요
⑥ 장애와 고난을 떠나게 하기 위함이요
⑦ 청정한 법과 공덕을 늘어나게 하기

위함이요

⑧ 모든 선근(善根)을 성취시키기 위함이요

⑨ 온갖 두려움을 멀리 여의게 하기 위함이요

⑩ 바라는 바 모든 것을 속히 얻어 만족하게 하기 위함이옵니다.

바라옵나니 세존이시여, 자비로써 가엾이 여겨 허락하여 주옵소서.”

부처님께서 이르셨다.

“선남자야, 그대가 대자비로써 중생들을 안락하게 하기 위해 신주(神呪)를 말하고자 하는구나. 지금이 바로 그때이니라. 빨리 말하여라. 여래도 기뻐하고 다른 부처님들도 기뻐하시느니라.”

관세음보살이 다시 부처님께 아뢰었다.

"세존이시여, 제가 기억하건대 과거 무량억겁 전에 한 부처님이 출현하셨으니, 이름이 천광왕정주여래^{千光王靜住如來}였습니다. 그 부처님께서 저와 모든 중생을 어여삐 여기신 까닭에 이 광대원만무애대비심다라니^{廣大圓滿無礙大悲心陀羅尼}를 설하시고는, 황금빛 손으로 저의 정수리를 만지시며 이르셨나이다.

'선남자야, 너는 이 대비심주^{大悲心呪}로써 악업과 중죄를 지은 미래 세상의 모든 중생들을 크게 이익 되게 하고 안락하게 만들어야 하느니라.'

그때 저는 겨우 초지^{初地}에 머물러 있었는데, 이 주문을 한 번 듣고는 바로 제8지^{第八地}로 뛰어 올랐습니다. 저는 너무나 기뻐 곧 서원을 세웠나이다.

'만일 내가 오는 세상에 모든 중생을 이익 되게 하고 안락하게 할 수 있다면, 지금 즉시 나의 몸에 천수(千手)와 천안(千眼)이 구족되리라.'

이렇게 발원한 바로 그 순간에 천수천안이 모두 갖추어졌고 시방의 모든 국토가 여섯 가지로 진동하였으며, 천불(千佛)께서 방광하시어 저의 몸과 시방의 끝없는 세계를 비추었나이다.

그 이후에도 다시 무량한 부처님 처소와 모임에서 거듭거듭 '이 다라니법을 수지하라'는 가르침을 받고 뛸 듯이 기뻐하였는데, 그때마다 미세하게 남아있던 무수억 겁의 생사들을 문득 초월하였나이다.

이로부터 저는 이 주문을 항상 지니고

외워 잊은 적이 없었으며, 이 주문을 지 닌 까닭으로 태어나는 곳마다 항상 부처 님 앞의 연꽃 속에서 태어나는 연화화생 蓮華化生 을 하였을 뿐, 태에 들어갔다가 몸을 받 는 일이 없었습니다.

만일 비구 · 비구니 · 우바새 · 우바이 · 동남 · 동녀가 이 대비심다라니를 지송 하고자 하면, 먼저 모든 중생에게 자비 한 마음을 일으킨 다음, 저를 향해 이렇 게 원을 세워야 합니다.

대자대비 관세음께 귀의하오니	나무대비관세음 南無大悲觀世音
일체법을 속히알게 하여지이다	원아속지일체법 願我速知一切法
대자대비 관세음께 귀의하오니	나무대비관세음 南無大悲觀世音
지혜의눈 빨리얻게 하여지이다	원아조득지혜안 願我早得智慧眼
대자대비 관세음께 귀의하오니	나무대비관세음 南無大悲觀世音

154

온갖중생 속히제도 하여지이다 　원아속도일체중
　　　　　　　　　　　　　　　願我速度一切衆

대자대비 관세음께 귀의하오니 　나무대비관세음
　　　　　　　　　　　　　　　南無大悲觀世音

좋은방편 빨리얻게 하여지이다 　원아조득선방편
　　　　　　　　　　　　　　　願我早得善方便

대자대비 관세음께 귀의하오니 　나무대비관세음
　　　　　　　　　　　　　　　南無大悲觀世音

반야선에 속히타게 하여지이다 　원아속승반야선
　　　　　　　　　　　　　　　願我速乘般若船

대자대비 관세음께 귀의하오니 　나무대비관세음
　　　　　　　　　　　　　　　南無大悲觀世音

고통바다 빨리넘게 하여지이다 　원아조득월고해
　　　　　　　　　　　　　　　願我早得越苦海

대자대비 관세음께 귀의하오니 　나무대비관세음
　　　　　　　　　　　　　　　南無大悲觀世音

계와선정 속히얻게 하여지이다 　원아속득계정도
　　　　　　　　　　　　　　　願我速得戒定道

대자대비 관세음께 귀의하오니 　나무대비관세음
　　　　　　　　　　　　　　　南無大悲觀世音

원적산에 빨리서게 하여지이다 　원아조등원적산
　　　　　　　　　　　　　　　願我早登圓寂山

대자대비 관세음께 귀의하오니 　나무대비관세음
　　　　　　　　　　　　　　　南無大悲觀世音

무위사에 속히들게 하여지이다 　원아속회무위사
　　　　　　　　　　　　　　　願我速會無爲舍

대자대비 관세음께 귀의하오니 　나무대비관세음
　　　　　　　　　　　　　　　南無大悲觀世音

법성신을 빨리성취 하여지이다 　원아조동법성신
　　　　　　　　　　　　　　　願我早同法性身

칼산 지옥 제가 가면	아약향도산 我若向刀山
칼날 절로 부러지고	도산자최절 刀山自催折
화탕 지옥 제가 가면	아약향화탕 我若向火湯
화탕 절로 말라지고	화탕자소멸 火湯自消滅
지옥 세계 제가 가면	아약향지옥 我若向地獄
지옥 절로 없어지고	지옥자고갈 地獄自枯渴
아귀 세계 제가 가면	아약향아귀 我若向餓鬼
아귀 절로 배부르고	아귀자포만 餓鬼自飽滿
수라 세계 제가 가면	아약향수라 我若向修羅
악심 절로 착해지며	악심자조복 惡心自調伏
축생 세계 제가 가면	아약향축생 我若向畜生
대지혜를 얻게 되리	자득대지혜 自得大智慧

이렇게 발원한 다음 지극한 마음으로
저의 이름을 부르면서 생각하고, 본사아^{本師阿}
미타여래의 명호를 마음 모아 부른 뒤에^{彌陀如來}

이 다라니신주를 외우되, 하루에 다섯
번씩 계속 외우면 고난이 사라지고, 매
일 21편 내지 49편을 외우면 백천만억
겁의 생사 중죄가 소멸될 것입니다."

관세음보살이 다시 부처님께 아뢰었다.
"세존이시여, 어떤 중생이든 신묘장구
대비주를 지송하면, 임종할 때 시방의
여러 부처님께서 오셔서 손을 잡아 주
고, 어떠한 불국토든지 그가 원하는 곳
에 왕생하게 하나이다."

관세음보살이 또 아뢰었다.
"세존이시여, 모든 중생이
① 이 대비신주를 지송하고도 삼악도에
^{三 惡 道}
떨어진다면 맹세코 저는 정각을 이루지

않을 것이며,

② 이 대비신주를 지송하고도 여러 부처님의 국토에 태어나지 못하는 이가 있다면 맹세코 저는 정각을 이루지 않을 것이며,

③ 이 대비신주를 지송하고도 무량한 삼매(三昧)와 변재(辯才)를 얻지 못하는 이가 있다면 맹세코 저는 정각을 이루지 않을 것이며,

④ 이 대비신주를 지송하고도 현생 동안에 모든 구하는 것을 얻지 못하는 이가 있다면 이 주문을 '대비심다라니'라 하지 못할 것입니다. 다만 착하지 못한 이와 지성스럽지 못한 이는 제외되옵니다.

⑤ 만약 여자의 몸을 싫어하는 여인들이 남자의 몸을 받기 위해 이 대비다라니장(大悲陀羅尼章)

구를 지송하고도 남자의 몸을 이루지 못
한다면 맹세코 저는 정각을 이루지 않을
것입니다. 하오나 조금이라도 의심을 낸
이는 결코 이루지 못할 것이옵니다.

⑥ 만약 어떤 중생이 삼보의 음식이나
재물을 축내었을 경우에는 천불이 세상
에 출현할지라도 참회가 통하지 않고 업
이 소멸되지 않지만, 대비신주를 지송하
면 곧 소멸됩니다.

⑦ 만약 삼보의 음식이나 재물을 함부
로 먹거나 써서 축낸 이는 반드시 시방
의 스승께 참회를 하여야 비로소 죄가
소멸되지만, 이 대비다라니를 지송하면
시방의 스승들께서 즉시 와서 증명하여
모든 죄장(罪障)을 소멸시켜 주십니다.

⑧ 이 밖에도 십악죄와 오역죄, 사람을

비방하고 법을 비방한 죄, 재계(齋戒)를 깨뜨린 죄, 탑이나 절을 파괴한 죄, 대중의 물건을 훔친 죄, 청정한 수행자를 더럽힌 죄 등의 모든 악업과 중죄가 다 사라지옵니다.

그러나 오직 한 가지, 이 대비심주에 의심을 낸 이는 비록 작고 가벼운 죄업을 지었을지라도 소멸되지 않습니다. 하물며 무거운 죄이겠습니까? 하오나 이 중죄들이 즉시에 사라지지는 않지만, 이 주문의 힘으로 먼 뒷날에 보리를 이룰 씨앗[因]은 될 것입니다."

관세음보살이 부처님께 아뢰었다.
"세존이시여, 모든 인간과 천인이 이 대비심주를 지송하면 열다섯 가지 좋은

160

삶〔善生〕을 누리고, 열다섯 가지 나쁜 죽음〔惡死〕을 받지 않게 되옵니다.

나쁜 죽음이란,

① 굶주림이나 고난에 빠져 죽거나
② 고문이나 곤장을 맞고 죽거나
③ 원수의 보복으로 죽거나
④ 군대 또는 전쟁터에서 죽거나
⑤ 이리 · 늑대 등의 짐승에 의해 죽거나
⑥ 독사나 전갈 등에게 물려 죽거나
⑦ 물에 빠지거나 불에 타서 죽거나
⑧ 독약을 먹고 죽거나
⑨ 남에게 독살되어 죽거나
⑩ 미치거나 정신을 잃어 죽거나
⑪ 산이나 나무나 절벽에서 떨어져 죽거나
⑫ 나쁜 사람의 저주로 죽거나

⑬ 사악한 귀신에게 홀려 죽거나

⑭ 나쁜 병에 걸려 죽거나

⑮ 억울한 일 때문에 자해하여 죽는 것
입니다.

이 대비심주를 지송한 이는 이와 같은 열다섯 가지 나쁜 죽음을 받지 않게 되옵니다.

열다섯 가지 좋은 삶이란

① 태어나는 곳마다 훌륭한 왕을 만나고

② 늘 좋은 나라에 태어나고

③ 늘 좋은 시절을 만나고

④ 늘 어진 벗을 만나고

⑤ 눈·귀 등 감각기관의 기능이 뛰어나고

⑥ 도심(道心)이 잘 자라고

⑦ 계를 범하지 않으며

⑧ 모든 권속이 은혜와 의리를 알고 화
평하고 순하며

⑨ 살림살이·재물·음식이 늘 풍족하고

⑩ 늘 다른 사람의 공경과 보살핌을 받고

⑪ 재물을 타인에게 빼앗기지 않으며

⑫ 구하는 바가 뜻과 같이 이루어지고

⑬ 천룡 등의 선신들이 항상 옹호하고

⑭ 태어나는 곳마다 부처님을 만나 법문
을 듣고

⑮ 이미 들은 바른 법에서 매우 깊은 이
치를 깨닫게 됩니다.

이 대비심다라니를 지송하는 이는 이와
같은 열다섯 가지 좋은 삶을 얻게 되오
니, 모든 인간과 천인들이 항상 지송하
되 게으른 생각을 내지 말아야 할 것입
니다."

이렇게 설한 관세음보살은 대중 앞에 합장을 하고 바로 서서, 모든 중생에 대해 대비심을 일으켰다. 그리고 얼굴 가득히 미소를 머금고 광대원만무애대비_{廣大圓滿無礙大悲} 심대다라니인, 신묘장구대다라니를 설하셨다.

신묘장구대다라니

나모라 다나다라 야야 나막알약 바로기제 새바라야 모지사다바야 마하사다바야 마하 가로니가야

옴 살바 바예수 다라나 가라야 다사명 나막 까리다바 이맘알야 바로기제 새바라다바 니라간타 나막하리나야 마발다 이사미 살 발타 사다남 수반 아예염 살바 보다남 바바 말아 미수다감 다냐타 옴 아로게 아로가 마

164

지로가 지가란제 혜혜하례 마하모지 사다
바 사마라 사마라 하리나야 구로구로 갈마
사다야 사다야 도로도로 미연제 마하미연제
다라다라 다린 나례 새바라 자라자라 마라
미마라 아마라 몰제 예혜혜 로계 새바라 라
아 미사미 나사야 나베 사미사미 나사야 모
하자라 미사미 나사야 호로호로 마라호로
하례 바나마 나바 사라사라 시리시리 소로
소로 못쟈못쟈 모다야 모다야
매다리야 니라간타 가마사 날사남 바라하
라나야 마낙 사바하
싯다야 사바하
마하싯다야 사바하
싯다 유예 새바라야 사바하
니라간타야 사바하
바라하 목카 싱하 목카야 사바하

바나마 하따야 사바하

자가라 욕다야 사바하

상카섭나녜 모다나야 사바하

마하라 구타다라야 사바하

바마사간타 이사시쳬다 가릿나 이나야 사
바하

먀가라 잘마 이바사나야 사바하

나모라 다나다라 야야 나막알야 바로기제
새바라야 사바하

관세음보살이 이 주문을 설하여 마치자
대지가 6종으로 진동하였고, 하늘에서
는 보배 꽃비가 어지럽게 내렸으며, 시
방의 부처님들은 모두 기뻐하시고, 천마^{天魔}
와 외도^{外道}들은 두려움 때문에 모든 털이
곤두섰다.

그리고 여러 모임의 대중은 모두가 깨달음을 얻었으니 어떤 이는 수다원과(須陀洹果)를, 어떤 이는 사다함과(斯陀含果)를 얻고, 어떤 이는 아나함과(阿那含果)를, 어떤 이는 아라한과(阿羅漢果)를 얻었고, 어떤 이는 초지(初地)·2지·3지·4지·5지·6지·7지·8지·9지 나아가 10지(十地)를 얻었으며, 한량없는 중생들은 보리심을 발하였다.

그때에 대범천왕(大梵天王)이 자리에서 일어나 의복을 단정히 한 다음, 합장을 하고 공손히 관세음보살께 아뢰었다.

"장하십니다. 대사(大士)이시여, 제가 오랜 옛적부터 무량한 부처님의 회상에 참여하여 갖가지 다라니를 들었으나, 이와 같은 광대무애대비다라니신묘장구(廣大無礙大悲陀羅尼神妙章句)를 설하시는 것은 듣지 못하였나이다. 바라옵건대 대사께서 저희들을 위하여 이 다라니의 참모습을 말씀해 주소서. 저희 모두는 듣기를 원하옵니다."

관세음보살이 대범천왕에게 이르셨다. "그대가 모든 중생을 이익 되게 하기 위하여 방편으로 이렇게 묻는구려. 그대는 자세히 들으시오. 내 이제 간략히 말하리다."

관세음보살이 이어 이르셨다.
"대다라니의 참모습은
① 대자비한 마음이요〔大慈悲心〕
② 평등한 마음이요〔平等心〕
③ 함이 없는 마음이요〔無爲心〕

④ 염착이 없는 마음이요〔無染着心〕
⑤ 공을 관하는 마음이요〔空觀心〕
⑥ 공경스러운 마음이요〔恭敬心〕
⑦ 스스로를 낮추는 마음이요〔卑下心〕
⑧ 잡됨과 산란함이 없는 마음이요〔無雜亂心〕
⑨ 괴롭히거나 해침이 없는 마음이요〔無惱害心〕
⑩ 잘못된 소견에 집착함이 없는 마음이요〔無見取心〕
⑪ 위없는 깨달음의 마음입니다〔無上菩提心〕.
　이러한 마음들이 이 다라니의 참모습이니, 반드시 이에 의지하여 수행해야 합니다."

대범천왕이 아뢰었다.

"저희들이 비로소 이 다라니의 참된 모습을 알게 되었습니다. 이제부터 잘 수지하여 결코 잊지 않겠습니다."

관세음보살이 이르셨다.

"만약 선남자 선여인이 이 신주를 지송하고자 하면 광대한 보리심을 발하여 일체 중생을 제도할 것을 서원하고, 재계^{齋戒}를 지키면서 모든 중생에 대해 평등한 마음을 일으켜야 합니다. 그리고 이 주문을 외우기를 끊이지 않게 하되, 깨끗한 방에 머물고 깨끗이 목욕하고 깨끗한 옷을 입고 번^幡을 달고 등을 켜고 향과 꽃과 여러 가지 음식을 공양한 다음, 마음을 하나로 모아 다른 일을 생각하지 말고 법답게 지송해야 합니다.

이때에 일광보살과 월광보살이 무량한
선인과 함께 와서 그 효험이 더하도록
돕고, 나 또한 천안으로 비추어 보고 천
수로 지켜 주리니, 이때부터는 세간의
경서들을 능히 다 알 수 있게 되고 모든
외도의 법술과 경전 등도 능히 통달할
수 있습니다.

또 이 신주를 지송하는 이는 세간의 팔
만사천 가지 질병이 모두 치료되며, 모
든 귀신을 부리고 천마들을 항복시키고
외도들을 제압할 수 있습니다.

또 산이나 들에서 경을 읽거나 좌선을
하고 있을 때 산의 정령이나 요괴나 원
령 등의 귀신이 몰려와서 마음을 안정되
지 못하게 만들 때, 이 신주를 한 편에서
일곱 편 외우면 귀신들 모두가 꼼짝을

못하게 됩니다.

그리고 능히 법답게 지송하고 모든 중생에 대한 자비심을 일으키면, 내가 그때 모든 선신과 용왕과 밀적금강(密迹金剛)에게 분부하여 늘 그의 곁을 떠나지 않고 수호하기를 자기의 눈이나 목숨을 보호하듯 하게 합니다."

그리고는 게송으로 설하였다.

나는 밀적금강사(密迹金剛士)와 오추군다(烏芻君茶)와 앙구시(鴦俱尸)
팔부역사(八部力士)와 상가라(賞迦羅)를 보내어
이 주문을 외우는 이를 늘 옹호케 하리라

나는 마혜(摩醯)와 나라연(那羅延)과
금비라타(金毘羅陀)와 가비라(迦毘羅)를 보내어
이 주문 외우는 이를 늘 옹호케 하리라

나는 바샵과 바루나
婆馺　　婆樓那

만선과 차발과 진다라를 보내어
滿善　車鉢　眞陀羅

이 주문 외우는 이를 늘 옹호케 하리라

나는 살차마화라와
薩遮摩和羅

구란단락과 반지라를 보내어
鳩蘭單咤　牛祇羅

이 주문 외우는 이를 늘 옹호케 하리라

나는 필바가라왕과
畢婆伽羅王

응덕비다와 살화라를 보내어
應德毘多　薩和羅

이 주문 외우는 이를 늘 옹호케 하리라

나는 범마삼발라와
梵摩三鉢羅

오정거천과 염마라를 보내어
五淨居天　炎摩羅

이 주문 외우는 이를 늘 옹호케 하리라

나는 제석천왕과 삼십삼천왕

대변공덕천과 바달라를 보내어

이 주문 외우는 이를 늘 옹호케 하리라

나는 제두뢰타왕과

신모녀와 대력신을 보내어

이 주문 외우는 이를 늘 옹호케 하리라

나는 비루륵차왕과

비루박차왕과 비사문천을 보내어

이 주문 외우는 이를 늘 옹호케 하리라

나는 금색공작왕과

이십팔부대선중을 보내어

이 주문 외우는 이를 늘 옹호케 하리라

나는 마니발타라와
摩尼跋陀羅

산지대장과 불라바를 보내어
散脂大將 弗羅婆

이 주문 외우는 이를 늘 옹호케 하리라

나는 난타용왕과 발난타용왕과
難陀 跋難陀

사가라용왕과 이발라용왕을 보내어
娑伽羅 伊鉢羅

이 주문 외우는 이를 늘 옹호케 하리라

나는 아수라와 건달바와

가루라와 긴나라와 마후라가를 보내어

이 주문 외우는 이를 늘 옹호케 하리라

나는 수신·화신·우레신·번개신과

구반다왕과 비사사를 보내어
鳩槃茶王 毘舍闍

이 주문 외우는 이를 늘 옹호케 하리라

관세음보살이 또 이르셨다.

"이 모든 선신들과 용왕신과 금강력사와 신모녀(神母女) 등은 각각 거느린 오백의 권속과 힘센 야차들을 데리고 이 주문 외우는 이를 늘 옹호할 것이니, 그 사람이 만일 텅 빈 산이나 넓은 들에서 혼자 자더라도 모든 선신들이 번갈아 지키면서 재앙과 장애를 제거해 줍니다. 또 깊은 산에서 길을 잃었을 때 이 주문을 외우면 선신이나 용왕들이 착한 사람으로 변화하여 나타나서 바른 길을 보여 주고, 산림이나 광야에서 물이나 불을 얻지 못하게 되면 용왕이 지키면서 물과 불을 공급해줍니다."

관세음보살은 이 주문 외우는 이를 위하여 다시 재앙을 소멸하고 청량함을 얻는 법을 게송으로 설하였다.

넓은 들과 산과 연못 지나가던 중
호랑이나 이리 등의 나쁜 짐승과
독사 요정 도깨비를 만날지라도
이 주문을 지송하면 해침이 없네

강과 호수 바다 등을 지나갈 때에
독룡이나 교룡이나 악어떼 등과
          蛟 龍
야차 나찰 자라떼를 만날지라도
이 주문을 지송하면 모두 숨도다

군사들과 도적떼에 포위되거나
나쁜 이가 재물들을 빼앗을 때에
지심으로 대비주를 외우게 되면
그들 자비 발하여서 되돌아 가네

대왕이나 관원에게 붙잡혀가서
감옥에서 칼을 쓰고 갇혀 있어도
지심으로 대비주를 외우게 되면
관원들이 은혜롭게 곧 풀어주네

길을 가다 독을 쓰는 이를 만나서
음식 속에 약을 넣어 죽이려 해도
지심으로 대비주를 외우게 되면
그 독약이 감로수로 변하게 되네

해산하는 어려움에 처한 여인이
삿된 마귀 장난으로 고통 받을 때
지심으로 대비주를 외우게 되면
마귀들이 물러나서 순산을 하네

악룡들과 역병귀신 독기가 퍼져

178

열병으로 목숨마저 위태로을 때
지심으로 대비주를 외우게 되면
역병귀신 물러가고 장수 누리네

용과 귀신 힘을 합해 종기 퍼뜨려
종기 나고 고름 흘러 고통 심할 때
지심으로 대비주를 외우게 되면
종기들이 씻은 듯이 사라진다네

탁한 중생 나쁜 마음 불러일으켜
비방하고 저주하고 원수 맺을 때
지심으로 대비주를 외우게 되면
비방 저주 그들에게 되돌아가네

이 세간에 바른 법이 사라질 때에
음욕의 불 성해지고 마음 바뀌어

본부인을　저버린 채　외도 즐기고
밤낮으로　삿된 생각　쉬지 않을 때
지심으로　대비주를　외우게 되면
음욕의 불　삿된 생각　사라지나니
이 주문을　외는 공덕　계속 말하면
한 겁동안　이어가도　다 말못하네

　그때 관세음보살이 대범천왕에게 이르
셨다.

　"이 주문을 다섯 편 외우면서 오색실을
꼬고, 주문을 24편 외우면서 24매듭을
맺어 목에 거십시오.

　이 다라니는 과거 99항하사 수의 부처
님들이 설하셨나니, 그 부처님들께서는
육바라밀을 닦되 만족한 경지에 이르지
못한 수행자로 하여금 속히 만족하게 하

고, 보리심을 내지 못한 이들을 속히 발심토록 하기 위해 설하신 것입니다.

또 모든 성문들 중 과위를 증득하지 못한 이들을 속히 증득케 하기 위해, 삼천대천세계 안의 모든 선인들 중 아직 훌륭한 보리의 마음을 내지 못한 이들을 속히 발심케 하기 위해, 모든 중생 중에 아직 대승에 대한 믿음을 얻지 못한 이들에게 이 다라니의 위신력으로 대승의 종자를 심고 법신의 싹을 자라나게 하기 위해 설하셨습니다.

그리고 나의 자비방편력으로 인해 저들의 원하는 일이 모두 이루어지나니, 삼천대천세계에서 어둠에 휩싸여 있는 삼악도의 중생이 나의 이 주문을 들으면 모두가 고통을 여의게 되고, 보살 중에 아직 초주(初住)에 오르지 못한 자는 속히 십주(十住)의 경지를 얻게하며, 더 나아가 십지(十地)의 경지 및 불지(佛地)에 이르러서 자연스럽게 삼십이상(三十二相)과 팔십종호(八十種好)를 얻게 합니다.

만일 어떤 성문이 이 다라니를 읽어 한 번 귀에 스치고 간 자나, 이 다라니를 수행삼아 쓴 이나, 순수하고 곧은 마음으로 법답게 머무른 이는, 성문의 사과(四果)를 구하지 않아도 저절로 얻게 합니다.

또한 삼천대천세계 안에 있는 산·강·석벽·사방의 큰 바다를 모두 용솟음치게 하거나, 수미산과 철위산을 모두 뒤흔들어 먼지 같이 부수어서라도, 그 안에 있는 중생들에게 위없는 보리심을 일으키게 합니다.

어떤 중생이든 현세에 원이 이루어지기

를 구하는 이가 21일 동안 재계를 깨끗이 지키면서 이 다라니를 외우게 되면 원하는 것이 반드시 이루어지며, 태어나면서부터 죽을 때까지의 모든 악업이 소멸되나니, 삼천대천세계의 모든 불보살과 범왕·제석천·사천왕·신선·용왕이 모두 증명하여 알 수 있게 합니다.

만약 어떤 선남자 선여인이 이 다라니를 외우다가 강이나 바다에서 목욕을 하였을 때, 물 속의 생물이 그가 목욕한 물을 몸에 묻히게 되면 악업과 중죄가 모두 소멸되어 즉시 정토에 옮겨 태어나되 연꽃 안에 화생하여, 태를 통해 태어나는 몸이나 습기와 알로 태어나는 몸을 받지 않게 됩니다. 하물며 이 다라니를 직접 받아 지니고 독송하는 자이겠습니까?

만일 이 다라니를 지송하는 이가 길을 가는데, 때마침 바람이 불어 이 사람의 몸이나 털이나 의복을 스치고 지나가 다른 중생의 몸에 닿게 되면, 그 중생은 중죄와 악업이 모두 소멸되어 다시는 삼악도의 과보를 받지 않고 항상 부처님 앞에 태어나게 됩니다.

마땅히 알지니, 이 다라니를 지니는 이는 복덕도 과보도 불가사의하여 천 부처님께서 함께 칭찬하여도 다하지 못합니다. 이 다라니를 외우는 이의 입에서 나오는 말은, 선하고 악하고를 막론하고 천마와 외도와 용과 귀신들이 들을 때는 모두가 청정한 법음으로 바뀌므로, 모두가 그 사람에게 공경심을 일으켜 존중하기를 부처님 대하듯이 합니다.

　마땅히 아십시오. 이 다라니를 외우는

① 그 사람은 곧 불신장^{佛身藏}이니, 99억 항하사 부처님들께서 아껴 주시기 때문입니다.

② 그 사람은 곧 광명장^{光明藏}이니, 모든 여래가 광명을 비추기 때문입니다.

③ 그 사람은 곧 자비장^{慈悲藏}이니, 항상 다라니로써 중생을 구제하기 때문입니다.

④ 그 사람은 곧 묘법장^{妙法藏}이니, 모든 다라니를 두루 포섭하기 때문입니다.

⑤ 그 사람은 곧 선정장^{禪定藏}이니, 백 천 가지 삼매가 항상 앞에 나타나기 때문입니다.

⑥ 그 사람은 곧 허공장^{虛空藏}이니, 항상 공^空한 지혜로 중생을 관하기 때문입니다.

⑦ 그 사람은 곧 두려움이 없는 무외장^{無畏藏}이니, 용과 하늘의 선신이 항상 옹호

하기 때문입니다.

⑧ 그 사람은 곧 묘어장(妙語藏)이니, 입 안에서 다라니 외우는 소리가 끊이지 않기 때문입니다.

⑨ 그 사람은 곧 상주장(常住藏)이니, 삼재의 나쁜 겁에도 무너지지 않기 때문입니다.

⑩ 그 사람은 곧 해탈장(解脫藏)이니, 천마와 외도가 능히 앞길을 막지 못하기 때문입니다.

⑪ 그 사람은 곧 약왕장(藥王藏)이니, 항상 다라니로써 중생의 병을 고쳐 주기 때문입니다.

⑫ 그 사람은 곧 신통장(神通藏)이니, 모든 불국토에 왕래함이 자재하기 때문입니다.

이와 같이 그 사람의 공덕은 아무리 찬탄해도 끝이 없습니다.

선남자여, 다시 어떤 사람이 세상의 괴로움을 싫어하고 오래 사는 즐거움을 얻고자 한다면 한가하고 고요한 곳을 택하여 청정하게 결계〔結界:기도할 장소를 만듦〕하고 의복·물·음식·향·약 등에 주문을 염하되, 108번을 염하여 입고 먹으면 반드시 120세까지 장수함을 얻게 됩니다.

만일 법답게 결계하고 법대로 지송하면 모두를 성취할 수 있습니다.

그 결계하는 법은

① 칼을 잡고 주문 21번을 외운 뒤에 땅을 그어 경계를 삼거나

② 맑은 물을 잡고 주문 21번을 외운 뒤에 사방에다 뿌려 경계를 삼거나

③ 흰 겨자씨를 잡고 주문 21번을 외운 뒤에 사방과 상하에다 뿌려 경계를 삼거나

④ 깨끗한 재^灰에 주문 21번을 외운 뒤에

네 귀퉁이에다 늘어놓아 경계를 삼거나

⑤ 생각이 미치는 곳을 경계로 삼거나

⑥ 오색실을 잡고 주문 21번을 외운 뒤
에 사방으로 둘러서 경계를 삼습니다.

이 중 어느 것이나 가능합니다. 만일
법답게 지송하면 자연히 공덕을 이루게
됩니다.

만일 이 다라니의 이름만 들어도 무량
겁동안 나고 죽는 중죄를 없애거늘, 하
물며 직접 지송한 이이겠습니까?

마땅히 알지니, 이 신주를 얻어 지송하
는 이는 이미 무량한 부처님께 공양하고
널리 선근을 닦은 사람입니다.

마땅히 알지니, 모든 중생의 괴로움을
구제하면서 법답게 지송하는 이는 대자
비를 갖춘 자로써 성불이 멀지 않습니다.

눈에 보이는 모든 중생을 위해 이 주문을 지송하여 그들로 하여금 듣고 보리의 씨앗을 심게 하면, 그 사람의 공덕은 무량하고 끝없으며 찬탄 또한 다함이 없습니다.

만일 정성을 다하고 몸소 재계를 지키면서, 모든 중생을 위해 전생에 지은 죄업을 참회하고, 또 스스로가 무량겁 동안 지은 갖가지 악업을 참회한 뒤에 입으로 계속 이 다라니를 외워 끊이지 않게 하면, 성문의 사과(四果)를 금생에 모두 증득함이 어렵지 않을 것이요, 특히 날카로운 근기에 지혜로운 방편이 있는 이는 십지(十地)의 과위(果位)를 얻는 것도 어렵지 않습니다.

하물며 세간의 조그마한 복을 받는 것

이야 어찌 어렵겠습니까? 어떤 원이든
이루지 못할 것이 없습니다. 이는 곧 나
의 대비원력이 깊고 중하기 때문이며,
이 다라니의 위신력이 광대하기 때문입
니다."

부처님께서 아난에게 이르셨다.
"만일 어떤 국토에 재난이 일어났을
때, 그 나라의 왕이 바른 법으로 나라를
다스리면서 백성들에게 관용을 베풀고
바르게 인도하고 죄 있는 자를 너그러이
풀어준 다음, 7일 동안 몸과 마음을 가다
듬어 이 대비심다라니를 정성으로 지송
하면, 이 신주의 위신력으로 그 국토 안
의 재난이 모두 소멸될 뿐 아니라, 오곡^{五穀}
이 풍성하고 모든 백성이 안락하게 되느

190

니라.

또 만일 다른 나라의 원수나 적이 자주 침략하고 약탈하여 백성이 불안하거나, 대신들이 모반(謀叛)하거나, 질병이 퍼지거나, 장마와 가뭄이 빈발하거나, 일월이 법도를 잃고 나쁜 비·서리·우박 등이 오곡을 손상시키거나, 맹수가 떼를 지어 다니면서 백성들을 해치는 등의 재난이 일어날 때에는 천안대비심상(千眼大悲心像)을 조성하여 얼굴을 서쪽으로 향해 모시고, 갖가지 향과 꽃과 보배로 장식한 깃발과 일산, 갖가지 맛있는 음식으로 지성껏 공양할지니라.

그리고 왕이 7일 동안 몸과 마음을 가다듬어 이 신묘장구다라니를 지송하게 되면 다른 나라의 원수나 도적이 스스로

항복하고 제각기 자기 나라를 다스릴 뿐, 원한의 마음을 버리느니라. 또 그 나라는 의견이 하나로 통합되어 인자한 마음으로 서로를 대하고, 왕자나 백관은 충성을 다하며, 왕후나 후궁이나 궁녀들 모두가 효도와 공경으로 왕을 대하며, 모든 용과 신들이 그 국토를 옹호하여 때에 맞게 비가 오고 과일이 풍성해져서 백성들이 기뻐하느니라.

　나아가

① 집안에 크고 나쁜 병이 찾아들거나

② 갖가지 괴이한 일이 자꾸 일어나거나

③ 귀신과 악마가 집안을 어지럽히거나

④ 나쁜 사람들이 입을 놀려 모해하거나

⑤ 집 안의 위아래와 안팎이 화목하지
　　못할 때

천안대비상 앞에 단을 차리고 지극한 마음으로 관세음보살의 명호를 염한 뒤에, 이 다라니를 1천 편 외우면 위에 열거한 모든 나쁜 일이 모두 소멸되느니라."

아난이 부처님께 아뢰었다.
"세존이시여, 이 주문의 이름은 무엇이오며, 저희들이 어떻게 받들어 지녀야하나이까?"

부처님께서 아난에게 이르셨다.
"이 신주에는 갖가지 이름이 있으니, 첫째는 광대원만다라니라 하고, 무애대비다라니·구고다라니·연수다라니·멸악취다라니·파악업장다라니·만원다라니·수심자재다라니·속초상지자재다라

니 등의 이름이 있으니, 이렇게 받아 지
닐지어다."

아난이 다시 부처님께 아뢰었다.
"세존이시여, 이 보살마하살에게는 다
시 어떤 이름이 있으며, 이 대다라니를
잘 수행하고 잘 말씀하신 지가 몇 겁이
나 지났나이까? 바라옵건대 세존이시여,
이 보살마하살의 명호와 겁의 수효와 장
단을 말씀하여 주옵소서. 어떤 선근을
심었기에 이 대다라니를 그렇게도 잘 설
하옵니까?"

부처님께서 이르셨다.
"선남자야, 이 보살의 이름은 관세음자
재요, 또 다른 이름은 연삭·천광안 등

194

이 있다. 불가사의한 위신력을 지닌 이 관세음자재보살은 과거 무량한 아승지겁 전에 이미 성불하여 호를 정법명여래(正法明如來)라 하였는데, 대비원력으로 모든 중생을 안락하게 성숙시키고자 보살의 모습을 나타낸 것이니라. 너희 대중들과 보살마하살과 범천왕과 제석천과 사천왕과 용과 신들은 오로지 공경할 뿐, 가볍고 교만한 마음을 내지 말라. 모든 인간과 천인이 항상 그 명호를 부르면서 공양하면 무량한 복을 얻고 무량한 죄를 없앨 것이며, 목숨을 마친 뒤에는 아미타불의 극락세계에 왕생하게 되느니라."

부처님께서 다시 아난에게 이르셨다.
"관세음보살이 설한 이 신주는 진실하

여 헛되지 않나니〔眞實不虛〕너희는 깊은 마음으로 이 대비심다라니를 청정하게 받아 지녀서 이 염부제에 널리 퍼뜨려 끊이지 않게 하라.

이 다라니는 삼계 중생에게 능히 큰 이익을 주나니, 만일 근심과 고통 속에 빠졌을 때 이 다라니로써 다스리면 치유되지 않는 것이 없느니라.

이 대신주를 법답게 받아 지니면 마른 나무라 할지라도 가지와 꽃과 열매가 나거늘, 정이 있고 의식이 있는 중생이 병환 등의 어려움에 처하였을 때 법대로 다스린다면 어찌 쾌차하지 않겠느냐.

선남자야, 이 다라니의 위신력은 불가사의하고 또 불가사의하여 어떠한 찬탄으로도 다할 수 없나니, 과거 오랜 겁 전

196

부터 널리 선근을 심었더라도 이름조차 듣기 어렵느니라. 하물며 만나보는 일이겠느냐. 너희들 대중과 하늘·용·신들은 모두 나의 이 찬탄하는 말을 듣고 따라서 기뻐할지니라.

만일 이 주문을 비방하는 이가 있으면 이는 곧 99억 항하사 부처님을 비방하는 것과 같고, 이 다라니에 대하여 의심을 내어 믿지 않는 이는 영원히 큰 이익을 잃어 백천 겁이 다하도록 끝없이 윤회하면서 나쁜 세계를 벗어날 기약이 없게 될 뿐 아니라, 부처님도 뵙지 못하고 법도 듣지 못하고 승가를 보지도 못하느니라."

모임에 참석한 보살마하살과 금강밀적 金剛密迹

과 범왕과 제석천과 사천왕 · 신선 · 용 ·
귀신 등이 부처님께서 이 다라니를 찬탄
하시는 말씀을 듣고는, 모두들 크게 환
희하면서 가르침을 받들어 행하였다.

신묘장구대다라니 사경 (50번 사경)　　　　　116쪽 4,500원
대다라니를 사경하면 관세음보살님과 호법신장들이 '나'와 주위를 지켜주고 소
원성취와 동시에, 행복하고 자비심 가득한 마음을 가질 수 있도록 해줍니다.

천수경 한글사경 (1책으로 7번 사경)　　　　　112쪽 4,500원
천수경을 사경하고 독송하면 천수관음의 가피가 저절로 찾아들어, 업장 및 고난
의 소멸과 갖가지 소원을 쉽게 성취할 수 있습니다.

신묘장구대다라니 기도법

초 판　1쇄 펴낸날　2014년 10월 15일
　　　　13쇄 펴낸날　2023년 8월 21일

지은이　우룡스님·김현준
펴낸이　김연지
펴낸곳　효림출판사

등록일　1992년 1월 13일 (제2-1305호)
주　소　서울시 서초구 반포대로14길 30, 907호 (서초동, 센츄리I)
전　화　02-582-6612, 587-6612
팩　스　02-586-9078
이메일　hyorim@nate.com

값 7,000원

ⓒ 효림출판사. 2014
ISBN　978-89-85295-94-9　03220

기도 및 영가천도의 지침서

❀

광명진언 기도법 / 일타스님·김현준　　　　신국판 176쪽 6,000원
광명진언 기도를 널리 펴고자 일타스님과 김현준 원장이 함께 저술한 책. 광명진언 속에 새겨진 참의미와 바른 기도법, 빠른 기도성취법 등을 자상하게 설하고, 유형별 기도성취 영험담을 다양하게 수록하였으며, 누구나 보기 쉽도록 큰활자로 발간하였습니다. 광명진언을 외우면 행복과 평화, 영가천도, 소원성취를 이룰 수 있습니다.

생활 속의 기도법 / 일타스님　　　　　　신국판 160쪽 5,500원
불교계 최대의 베스트셀러! 일상생활에서 누구나 처할 수 있는 여러 가지 상황에 따른 구체적인 기도방법에서부터 특별기도성취법·영가천도기도법·기도할 때 지녀야 할 마음가짐까지, 자상한 문체로 예화를 섞어 쉽고 재미있게 엮었습니다.

기도 / 일타스님　　　　　　　　　　　신국판 240쪽 8,000원
총 6장 52편의 다양한 기도 영험담으로 엮어진 이 책을 읽다보면 기도를 통해 틀림없이 부처님의 가피를 입을 수 있음을 확신할 수 있게 되고, 올바른 기도법과 함께 기도성취의 지름길을 알 수 있게 됩니다.

기도성취 백팔문답 / 김현준　　　　　　신국판 240쪽 8,000원
기도에 대한 정의·기도와 믿음·업장소멸의 방법·꾸준한 기도의 효험·원을 세우는 법·축원법·각종 기도가피와 기도성취의 시기·성취를 위한 하심법下心法 등 기도에 관한 궁금증들을 문답형식으로 자상하게 풀이하였습니다.

참회와 사랑의 기도법 / 김현준　　　　　신국판 192쪽 6,500원
총 84가지 문답을 통하여 참회의 정의에서부터 참회기도를 해야하는 까닭, 절을 통한 참회법·염불참회법·주력참회법·가족을 향한 참회법, 기도 축원의 구체적인 내용 및 자비의 기도가 갖는 효과, '백중과 영가천도'등에 대해 아주 상세하게 설명하고 있습니다.

참회·참회기도법 / 김현준　　　　　　　신국판 160쪽 5,500원
참회의 참된 의미, 절·염불을 통한 참회법, 참회인의 마음가짐, 이참법 등을 영험담들과 함께 감동 깊게 엮은 책으로, 참회를 통해 행복하고 자유로운 삶을 사는 방법을 열어주고 있습니다.

불교의 자녀사랑 기도법 / 김현준　　　　신국판 160쪽 5,500원
사랑하는 자녀들을 가장 잘 사랑할 수 있는 방법을 부처님의 가르침에 의지하여 정립하고 생활화한 책입니다. 이 책의 가르침을 따라 자녀를 사랑하고 기도해보십시오. 우리의 자녀들이 뜻하는 바 소원을 성취하고, 행복과 평화를 누릴 수 있게 될 것입니다. 부록으로 부모님께 효도하여야 하는 까닭과 방법도 수록하였습니다.

법보시를 원하시는 분은 출판사로 연락 주십시오. 할인혜택을 드립니다.

전화 02-587-6612, 582-6612 팩스 02-586-9078

신묘장구대다라니 기도법 / 우룡스님·김현준   신국판 208쪽 7,000원

신묘장구대다라니를 외우면 생겨나는 가피와 공덕, 기도의 방법과 주의할 점, 우룡스님이 들려주는 14편의 영험담, 대다라니의 근본경전인 『무애대비심다라니경』을 수록하고 있는 이 책을 읽고 자신있게 기도하면 심중소원의 성취와 기적같은 체험도 할 수 있습니다.

기도 성취의 지름길 / 우룡스님   4×6판 160쪽 4,500원

가족을 위한 기도와 기도 성취의 원리에 초점을 맞춘 감동적인 기도법문입니다. 제1부 「가족 행복을 위한 기도」에서는 가족을 향한 참회와 절의 필요성, 3배 기도의 큰 영험에 대해 일러주고 있으며, 제2부 「빠른 기도 성취의 길」에서는 믿음과 정성이 뒤따라야 기도 성취를 잘할 수 있고, 기도의 고비를 잘 넘겨야 능히 행복과 대해탈의 문이 열린다는 것을 많은 이야기를 곁들여 설하고 있습니다.

기도 이야기 / 우룡스님   신국판 204쪽 7,000원

"스님, 기도로 소원을 성취할 수 있습니까?" 총 6장 45편의, 참으로 재미있는 기도성취 영험담이 수록된 이 책을 읽고 기도를 하면, 불보살님과 통하는 감응의 길이 열리면서 심중소원을 빨리 성취하게 됩니다. 또한 이야기 끝에 붙인 큰스님의 해설은 기도의 방법을 쉽게 터득할 수 있도록 이끌어줍니다.

영가천도 / 우룡스님   신국판 160쪽 5,500원

영가의 장애를 느끼십니까? 돌아가신 영가를 영가를 제대로 천도해 드리지 못했습니까? 영가천도의 필요성과 기본자세, 염불·독경·사경을 통한 영가천도, 49재, 낙태아 천도 등 영가천도에 관한 궁금증 및 천도의 방법을 우룡스님의 자세한 법문으로 풀어드립니다.

미타신앙·미타기도법 / 김현준   신국판 160쪽 5,500원

아미타불의 참 모습에서부터 극락에서 누리는 행복, 칭명염불·오회염불·관상염불·천도염불 등의 각종 염불수행법과 함께 임종하는 이를 위한 의식과 49재 기간의 행법 등을 자세히 밝히고 있습니다.

관음신앙·관음기도법 / 김현준   신국판 240쪽 8,000원

관세음보살의 구원 능력, 주요 경전 속의 관음관, 11면관음·천수관음·32응신·33관음 등 자비관음의 여러 가지 모습, 일심칭명 일념염불의 관음기도법, 독경사경 기도법, 다라니 염송 기도법 등을 자세하고도 알기 쉽게 풀이하였습니다.

지장신앙·지장기도법 / 김현준   신국판 192쪽 6,500원

지장신앙 속에는 영가천도뿐만이 아니라 현세에서의 행복과 깨달음, 성불의 비결까지 간직되어 있습니다. 이러한 지장신앙의 여러 측면과 함께 생활 속에서 할 수 있는 지장기도법을 자세히 밝혀놓았습니다.

일타큰스님의 스테디셀러

부드러운 말 한마디 미묘한 향이로다 / 일타스님   240쪽 8,000원
일타스님 대표 법문집. 삶의 이유, 복된 삶 이루는 방법, 보시와 지계, 도 닦는 법, 지혜성취법 등의 맑고 주옥같은 법문을 수록하여 읽는 이들에게 행복의 세계로 향하는 문을 열어주고 있습니다.

불자의 마음가짐과 수행법 / 일타스님   신국판 192쪽 6,500원
불자들이 큰 행복과 대자유를 얻기 위해서는 어떠한 마음가짐으로 살아야 하며, 참선·염불·간경·주력의 불교 4대 수행법을 어떻게 닦아야 하는가를 갖가지 비유를 들어 자상하게 설하고 있습니다.

범망경 보살계 / 일타스님   신국판 508쪽 17,000원
십중대계와 48경계를 명쾌하고 간절하게 풀이한 이 책을 읽다 보면 어둔 밤에 밝은 등불을 만난 것과 같은 환희심과 함께 참된 불자의 길을 알 수 있게 됩니다.

오계이야기 / 일타스님   신국판 160쪽 5,500원
살생·투도·사음·망어의 근본 4계에 불음주계를 합한 5계에 대한 법문집. 재미있는 일화를 들어 각 계율의 연원과 지키는 방법, 계율을 범했을 때의 과보 등을 자세히 설했습니다. 복된 불자의 길로 나아가게 하는 불자의 필독서입니다.

윤회와 인과응보 이야기 / 일타스님   신국판 240쪽 8,000원
"죽음 뒤의 세상, 인간은 과연 윤회하는 존재인가?" 내가 지은 업은 어떻게 전개될 것인가? 이러한 의문의 해답을 일러주고자 총 49가지 이야기로 엮은 이 책을 읽다 보면 윤회와 인과응보에 대한 해답을 명확하게 얻을 수 있게 됩니다.

육조단경(덕이본德異本) 증보개정판 / 김현준 역   4X6배판 208쪽 8,000원
육조 혜능대사께서 설한 선종의 근본 경전으로, 인간의 참된 본성을 보게 하여 마음을 치유하고 깨달음을 열어줍니다. 계속 정독하면 영성이 깨어나고 대자유인이 될 수 있습니다. 증보개정판을 내면서 한글 번역 옆에 한자 원문을 붙여 뜻을 잘 이해할 수 있도록 하였으며, 글씨를 조금 더 크고 뚜렷하게 하여 읽기 좋도록 하였습니다.

선가귀감 / 서산대사 저 김현준 역   4X6배판 136쪽 6,000원
조선시대 최고의 고승인 서산대사께서 선禪에 대한 다양한 가르침을 중심에 두고 참회·염불·계율·육바라밀·도인의 삶 등을 간절하게 설하여 불자들의 신심과 정진에 큰 도움을 주는 소중한 책입니다. 읽으면 읽을수록 쾌락함과 깊은 맛을 느낄 수 있습니다.   (한글 한문 대조본)

우룡큰스님의 스테디셀러

불교신행의 주춧돌 / 우룡스님　　　　　　　신국판　240쪽　8,000원
신행생활 속에서 자주 겪게 되는 시행착오를 미리 피하고, 올바른 정진을 하여 깨달음의 세계로 나아가는데 꼭 필요한 마음가짐과 신행방법 등을 자상한 문체와 일화들로 알기 쉽게 엮었습니다.

정성 성誠이 부처입니다 / 우룡스님　　　　　　신국판　240쪽　8,000원
'정성 성'이 부처요, 모든 것이 부처님 하는 일. 대우주와 하나되는 삶, 마음 단속과 마음 열기, 마음 다스리기, 번뇌와 업장을 비우는 방법 등을 쉽게 일러주고 있습니다.

불자의 행복 찾기 / 우룡스님　　　　　　　　신국판　190쪽　6,500원
우룡스님 설법의 결정판. ① 복 받기를 원하거든 ② 보시로 이루는 큰 복 ③ 아상과 무주상 ④ 행복과 기도의 총 4장으로 나누어져 있는 이 책을 읽다 보면 복 짓고 복 쌓고 복 받는 방법과 원리를 저절로 터득할 수 있게 됩니다.

신심으로 여는 행복 / 우룡스님　　　　　　　신국판　192쪽　6,500원
믿음과 기도, 신심을 키우는 방법, 신심 속에서 나타나는 가피와 성취, 윤회에 대한 믿음, 불성의 발현과 믿음, 가정과 나를 살리는 실천법 등이 수록되어 있습니다.

불자의 살림살이 / 우룡스님　　　　　　　　신국판　160쪽　5,500원
참된 불자의 살림살이가 무엇인지, 특히 가족을 향한 참회와 복 짓는 방법, 평온을 얻고 지혜를 이루는 방법을 쉽고도 일목요연하게 설한 법문집입니다.

불교의 수행법과 나의 체험 / 우룡스님　　　　신국판　160쪽　5,500원
염불 및 주력수행법, 기도를 잘하는 법, 경전공부의 방법, 참선 수행법, 수행과 업장소멸, 수행정진의 비결 등을 스님의 체험을 예로 들면서 재미있게 엮었습니다.

....

리틀 붓다, 행복을 찾아서 / 클라우스 미코슈 지음·김연수 옮김
재치와 감동과 따뜻함이 있는 이야기. 지혜로운 삶에 관한 이야기. 꿈과 성취와 행복이 담긴 이야기. 소중한 삶의 주제들로 가득 채워진 이 책을 읽다 보면 진정한 행복이 무엇인지를 깨닫게 되고, 우리의 불성이 깨어나고 있음을 느낄 수 있게 됩니다.　　　　　　　　　　　　　　　　　　　컬러양장본　184쪽　12,000원

참 생명을 찾는 경봉스님 가르침 / 김현준　　신국판　192쪽　6,500원
경봉스님의 참 생명을 찾는 공부 방법과 도와 인생의 실체, 이 사바세계를 무대로 삼아 멋있게 사는 법 등을 다양한 이야기와 함께 엮은 책입니다..

도와 함께하는 행복과 성공 / 김현준 엮음　　신국판　160쪽　5,500원
경봉대선사께서 행복은 어디에 있고 어디에 깃들며, 어떻게 할 때 성공하는가? 복 짓는 법과 성공에 있어 가장 필요한 것은 무엇인가를 설한 책입니다..

알기 쉬운 경전 해설서

생활 속의 반야심경 / 김현준 　　　　　　　　　　신국판　240쪽　8,000원

공(空)의 의미, 모든 괴로움의 원인과 괴로움에서 벗어나는 방법, 색즉시공 공즉시색의 참
뜻, 걸림 없고 진실불허한 삶을 이루는 방법 등을 반야심경의 경문을 따라 쉽고 상세하고
재미있게 풀이하고 있습니다.

화엄경 약찬게 풀이 / 김현준 　　　　　　　　　　신국판　216쪽　7,000원

불자들이 자주 독송하는 화엄경약찬게! 화엄경약찬게를 그냥 읽으면 참으로 어렵고 무슨 내
용인지 알 수 없지만 이 풀이를 본 다음에 읽으면 약찬게를 명확히 파악할 수 있게 될 뿐 아
니라 화엄경의 내용까지 꿰뚫어 환희심이 샘솟고 대화엄의 세계에서 노닐 수 있게 됩니다.

생활 속의 천수경 (개정판) / 김현준 　　　　　　　신국판　240쪽　8,000원

천수관음이 출현하신 까닭, 천수관음을 청하는 법과 가피를 얻는 법, 신묘장구대다라니의
풀이와 공덕, 찬탄의 공덕과 참회성취의 비결, 준제기도 및 주요 진언 속에 깃든 의미, 여래
십대발원문 사홍서원 삼귀의 의미 등을 상세히 풀이하였습니다.

생활 속의 금강경 / 우룡스님 　　　　　　　　　　신국판　304쪽　9,000원

금강경의 심오한 내용을 알기 쉽게 풀이하고 일상생활과 접목시켜 강설함으로써 삶의 현
장에서 금강경의 가르침을 능히 응용할 수 있도록 하였고, 감동을 주는 일화들을 많이 삽
입하여 재미를 더해주고 있습니다.

생활 속의 관음경 / 우룡스님 　　　　　　　　　　신국판　240쪽　8,000원

관세음보살보문품인 관음경을 통하여 관세음보살의 본질, 일심칭명과 재난 소멸법, 공경
예배와 소원 성취법, 관세음보살을 관하는 법 등에 대해 여러 가지 영험담과 함께 감동적
으로 풀이하고 있습니다.

생활 속의 보왕삼매론 / 김현준 　　　　　　　　　신국판　240쪽　8,000원

『보왕삼매론』을 해설한 이 책은 병고 해탈, 고난 퇴치, 마음공부와 마장 극복, 일의 성취,
참사랑의 원리, 인연 다스리기, 공덕 쌓는 법, 이익과 부귀, 억울함의 승화 등 누구나 인생
살이에서 겪게 되는 장애들을 속 시원하게 뚫어주고 있습니다.

천지팔양신주경 사경 (1책으로 3번 사경) 　　　　4×6배판　112쪽　4,500원

옛부터 건축 · 결혼 · 출산 · 사업 · 죽음 등 평생의 삶 중에서 중요한 때마다 읽고 쓰면 크
게 길하고 이롭고 장수하고 복덕을 갖추게 된다고 전해지고 있습니다.

부모은중경 사경 (1책으로 3번 사경) 　　　　　　4×6배판　112쪽　4,500원

부처님께서는 부모님의 은혜를 새기면서 이 경을 쓰게 되면 그 어떤 행보다 큰 공덕이 생
겨난다고 하였습니다. 정성 들여 사경하면 뜻하는 바가 이루어집니다.

보왕삼매론 사경 (1책으로 50번 사경) 　　　　　4×6배판　120쪽　4,500원

보왕삼매론을 사경하면 재앙이 소멸됨은 물론이요 생활 속의 걸림돌이 디딤돌로 바뀌고
고난이 사라져 하루하루가 편안해집니다.

보현행원품 한글사경 (1책으로 3번 사경) 　　　　4×6배판　120쪽　4,500원

행원품을 사경하면 자리이타의 삶과 업장 참회, 신통 · 지혜 · 복덕 · 자비 등을 빨리 이룰
수 있고 세세생생 불법과 함께하며 보살도를 성취할 수 있습니다.

약사경 한글사경 (1책으로 3번 사경) 　　　　　　4×6배판　112쪽　4,000원

약사경을 사경하면 약사여래의 가피가 저절로 찾아들어, 병환의 쾌차, 집안 평안, 업장소
멸을 비롯한 갖가지 소원을 쉽게 성취할 수 있습니다.

영험 크고 성취 빠른 각종 사경집 (책 크기 4×6배판)

광명진언 사경 (가로쓰기:1080번 사경)　　　　　128쪽　5,000원
광명진언 사경 (세로쓰기:1080번 사경)　　　　　128쪽　5,000원
눈으로 보고 입으로 외우고 손으로 쓰고 마음으로 새기는 광명진언 사경은 크나큰 성취를 안겨줍니다.

금강경 한글사경 (1책으로 3번 사경)　　　　　144쪽　5,500원
금강경 한문사경 (1책으로 3번 사경)　　　　　144쪽　5,500원
금강경 한문한글사경 (1책으로 1번 사경)　　　100쪽　4,000원
요긴하고 으뜸된 경전인 금강경을 사경해 보십시오. 업장소멸과 함께 크나큰 깨달음과 좋은 일들이 저절로 다가옵니다.

아미타경 한글사경 (1책으로 7번 사경)　　　　116쪽　4,500원
살아 생전 또는 부모나 가까운 분이 돌아가셨을 때 이 경을 쓰면 극락왕생이 참으로 가까워집니다.

반야심경 한글사경 (1책으로 50번 사경)　　　116쪽　4,500원
반야심경 한문사경 (1책으로 50번 사경)　　　116쪽　4,500원
반야심경을 사경하면 호법신장이 '나'를 지켜주고, 공의 도리를 깨달아 평화롭고 안정된 삶이 함께 합니다.

신묘장구대다라니 사경 (50번 사경)　　　　　116쪽　4,500원
대다라니를 사경하면 관세음보살님과 호법신장들이 '나'와 주위를 지켜주고 소원성취와 동시에, 행복하고 자비심 가득한 마음을 가질 수 있도록 해줍니다.

천수경 한글사경 (1책으로 7번 사경)　　　　　112쪽　4,500원
천수경을 사경하고 독송하면 천수관음의 가피가 저절로 찾아들어, 업장 및 고난의 소멸과 갖가지 소원을 쉽게 성취할 수 있습니다.

관음경 한글사경 (1책으로 5번 사경)　　　　　112쪽　4,500원
관음경을 사경하면 늘 행복이 함께하며, 학업성취·건강쾌유·자녀의 성공·경제문제 등에도 영험이 매우 큽니다.

지장경 한글사경 (1책으로 1번 사경)　　　　　144쪽　5,500원
지장경을 사경하고 독송하면 영가천도는 물론이요, 각종 장애가 저절로 사라지고 심중의 소원이 성취됩니다.

아미타불 명호사경 (1책으로 5,400번 사경)　　160쪽　6,000원
'나무아미타불'과 '아미타불'을 오회염불법에 따라 외우고 쓰는 특별한 명호사경집입니다. 집중력을 더하여, 심중 소원 성취에 큰 도움을 줍니다.

관세음보살 명호사경 (1책으로 5천4백번 사경)
지장보살 명호사경 (1책으로 5천번 사경)　　각 권 108쪽　4,500원
'관세음보살'이나 '지장보살'의 명호를 쓰면서 입으로 외우고 마음에 새기면, 관세음보살님과 지장보살님의 가피를 입어 몸과 마음이 큰 변화를 이루고, 마음속의 원을 능히 성취할 수 있습니다.

많이 찾는 기도 독송용 경전

※

한글『법화경』과『법화경 한글사경』

불교 최고 경전인 법화경! 이 경을 독송하고 사경해 보십시오.
소원성취는 물론 깨달음과 경제적인 풍요까지 안겨줍니다.

법화경 (독송용) 김현준 역　　4x6배판　총22,000원
전3책 제1·2책 176쪽 7,000원 제3책 192쪽 8,000원
양장본 전1책 25,000원
법화경 한글사경 김현준 역　4x6배판　총 22,500원
전5책 각권 120쪽 내외 권당 4,500원

지장경 김현준 편역　　　　　　　　　　　　4×6배판　208쪽　8,000원

이 책은 지장기도를 하는 분들을 위해　① 지장경을 처음부터 끝까지 1번 독송,
② '나무지장보살'을 천번염송,　　　③ 지장보살예찬문을 외우며 158배,
④ '지장보살'천번 염송의 4부로 나누어 특별히 만들었습니다.
지장경 독경 및 지장보살예참과 염불을 할 때, 각 장 앞에 제시된 기도법에 따라
기도를 하면, 영가천도·업장소멸·소원성취·향상된 삶을 이룩할 수 있습니다.

자비도량참법 / 김현준 역　　　　　　　　양장본　528쪽　25,000원

참되이 참회하시기를 원하십니까? 자비도량참법 기도를 하면 나의 허물과 죄업의
참회에서 시작하여 부모 스승 친척 등 육도 속을 윤회하는 온 법계 중생의 업장과
무명까지 모두 소멸시켜주며, 자비가 충만해지고 환희심이 넘쳐나게 됩니다.

원각경 / 김현준 편역　　　　　　　　4×6배판　192쪽　8,000원

한국불교의 근본 경전인 원각경을 수십 차례 번역·수정·윤문하여 쉽게 이해할 수 있도록 하
였습니다. 한글과 원문을 바로 옆에 두어 대조하며 읽을 수 있습니다.

유마경 / 김현준 역　　　　　　　　　4×6배판　296쪽　12,000원

보살의 병, 불도란 어떤 것인가? 깨달음의 세계로 들어가는 불이법문, 참된 불국토를 건설하는
방법 등등 매우 소중한 가르침들을 가득 담고 있는 이 경을 읽다보면 마음이 탁 트입니다.

승만경 / 김현준 편역　　　　　　　　4×6배판　144쪽　6,000원

여인의 성불 수기와 함께 승만부인의 서원, 정법·번뇌·법신·일승·사성제·자성청정심·여
래장사상 등을 분명히 밝힌 보배로운 경전입니다.(한글 한문 대조본)

보현행원품 / 김현준 편역　　　　　　4×6배판　112쪽　4,500원

행원품과 예불대참회문을 함께 실어 독경 후 행원품에 근거한 정통 108배를 행할 수 있도록
만들었으며, 독송 방법과 대참회의 의미 등도 상세히 설명하였습니다.

밀린다왕문경 / 김현준 편역　　　　　　신국판　204쪽　7,000원

그리스 왕인 밀린다와 불교 승려인 나가세나가 인생과 불교에 대해 대론한 것을 정리한 경전.
윤회·업·수행·지혜·해탈 등에 대한 조리정연한 번역이 신심을 더욱 불러일으킵니다.